Maren von Pluta
Mein neues Leben

Maren von Pluta

Mein neues Leben

Ein Ratgeber für Frauen
nach der Krebsoperation

Kreuz

Die Gedanken, Methoden und Anregungen in diesem Buch stellen die Meinung beziehungsweise Erfahrung der Verfasserin dar. Sie wurden von der Autorin nach bestem Wissen erstellt und mit größtmöglicher Sorgfalt überprüft. Sie bieten jedoch keinesfalls Ersatz für kompetenten ärztlichen oder therapeutischen Rat. Daher erfolgen Angaben in diesem Buch ohne jegliche Gewährleistung oder Garantie des Verlags oder der Autorin. Eine Haftung des Verlags oder der Autorin für etwaige Personen-, Sach- und Vermögensschäden ist ausgeschlossen, es sei denn im Falle grober Fahrlässigkeit.

Die Deutsche Bibliothek – CIP-Einheitsaufnahme
Pluta, Maren von:
Mein neues Leben: ein Ratgeber für Frauen nach der Krebsoperation / Maren von Pluta. - Zürich: Kreuz-Verl., 1999
ISBN 3-268-00233-1

1 2 3 4 5   03 02 01 00 99

© 1999 Kreuz Verlag AG, Zürich, P.O.B. 245, CH-8034 Zürich
Umschlaggestaltung: Atelier Reichert
Umschlagfoto: M.u.H./ BAVARIA
Satz: Rund ums Buch, Rudi Kern, Kirchheim/Teck
Druck und Bindung: Wilhelm Röck, Weinsberg
ISBN 3 268 00233 1

Inhalt

Vorwort 7

Besser mit der Krankheit umgehen
Leben wie zuvor 9

Übungen zum Entspannen 18
Atemtherapie 18
Qi-Gong 19
Eutonie 20
Feldenkrais 20
Progressive Muskelentspannung 21
Rezeptive Musiktherapie 22
Maltherapie 22

Familie 24

Nachsorge 28

Reha-Kuren 34

Selbsthilfe 37

Zurück in den Beruf 42

Richtig essen, um die Abwehr zu stärken 46
Anthroposophische Ernährungslehre 47
Makrobiotische Ernährung 47
Moerman-Diät 48
Breuss-Diät 48
Krebsdiät nach Gerson 49
Welche Lebensmittel sind wichtig? 49
Ernährungsprobleme 50

Was bringen alternative Therapien? 53

Den Alltag erleichtern 57

Sexualität 61

Krebspatientinnen berichten 69
Monika T.: »Durch die Krankheit ist mein wahres
Ich durchgekommen« 69

Christina K.: »Man muss *für* etwas kämpfen,
nicht *gegen* etwas« 72

Phina Dacri: »Ich tue jetzt alles, was ich will« 78

Barbara Dawson: »Ich brauchte jemand,
der stärker an mich glaubte als ich selbst« 82

Erklärungen der Fachbegriffe 87

Hilfreiche Adressen 90
Bücher 94
Quellennachweis 95

Vorwort

Es ist an der Zeit umzudenken, wenn wir vom Thema Krebs reden. Andere Länder praktizieren bereits einen viel offeneren Umgang mit dem in vieler Hinsicht immer noch rätselhaften Krankheitsgeschehen. In Amerika zum Beispiel wird in positiver Form nach Hilfen gesucht. Bei uns in Deutschland dagegen werden – obwohl wir sonst durchaus fortschrittsgläubig sind – über Krebs immer noch Horrorgeschichten erzählt, die längst der Vergangenheit angehören.
Dabei wäre es im Interesse der ständig steigenden Zahl von Erkrankten, die Krankheit endlich in einem anderen Licht zu sehen – nämlich in dem der heutigen wissenschaftlichen Erkenntnisse. Immer mehr Menschen erkranken an Krebs und dank des medizinischen Fortschritts können immer mehr Patienten erfolgreich behandelt werden. Fälle, in denen die Ärzte früher nicht helfen konnten, sind heute oft heilbar.
Die Umgebung aber lässt oftmals keine Gelegenheit aus, zu suggerieren, dass es schlimm um die Erkrankten stehe. Sagt zum Beispiel in einem Fernsehspiel der Papa schluchzend: »Mama hat Krebs«, brechen Kinder und Enkel in Tränen aus: Einer der härtesten Schicksalsschläge hat die Familie getroffen, es gibt keine Rettung. Sich realistisch mit Behandlungsmöglichkeiten und Heilungschancen auseinander zu setzen – das findet viel zu selten statt. Und dass es wirksame Hilfen geben kann, den Gedanken lässt kaum jemand an sich heran.
Kein Mensch bearbeitet heute noch – wie in den 50er Jahren üblich – die Wäsche mit Stampfer und Waschbrett. Bei der Bewältigung einer Krebserkrankung aber wird häufig noch auf negative Erfahrungen aus den 50er und 60er Jahren zurückgegriffen.
Wer sich Tag für Tag durch Schauermärchen über die Krankheit verschrecken lässt, der öffnet dem negativen Denken Tür und Tor. Aber nichts ist nachteiliger für die Bewältigung dieser Krankheit, als die Dinge nur von ihrer schlimmsten Seite zu sehen. Die Therapie-

methoden haben sich verbessert, die Heilungschancen sind gestiegen. Sicher: Es läuft bei der Behandlung der Patienten und Patientinnen manchmal nicht alles optimal. Gerade die nicht-medizinische Betreuung lässt häufig noch zu wünschen übrig.
Menschen werden nach der Behandlung in der Klinik noch zu oft mit ihren Ängsten, Sorgen, Fragen alleingelassen, oder sie werden mit wenig hilfreichen Floskeln abgespeist. So kommt es dann zu tragischen Fällen: Patienten sind von ihrer eigentlichen Krankheit geheilt, dafür sind aber Lebensfreude, Schwung, Optimismus und Selbstbewusstsein auf der Strecke geblieben.
Das vorliegende Buch wendet sich in erster Linie an Frauen. Daher ist vor allem von den Krebsarten die Rede, die Frauen betreffen. Da es hier jedoch nicht um medizinische Informationen geht, sondern um die vielen anderen Aspekte, die Krebspatientinnen und -patienten im Alltag bewegen, sind die meisten Informationen ohne weiteres übertragbar.
Das Leben mit Krebs stellt eine harte Bewährungsprobe dar. Den Krebs kann man meist nicht von heute auf morgen kleinkriegen. Man muss sich häufig für eine lange Zeit mit ihm arrangieren – bis man ihn dann irgendwann endgültig besiegt hat. »Ich habe Brustkrebs. Ich höre hier immer nur vom Kampf gegen den Krebs«, sagte eine Ärztin während des Kongresses »FrauenLeben und Krebs«. »Man muss für etwas kämpfen, nicht dagegen.« Das heißt: für ein besseres Leben mit der Krankheit.
Dabei will Ihnen dieses Buch helfen: Lebensfreude, Lebensmut und Optimismus nicht zu verlieren und auch bei der Bewältigung der praktischen Dinge des Alltags den Kopf nicht hängen zu lassen.

Besser mit der Krankheit umgehen

Leben wie zuvor

»Wir weinen nicht für den Rest unseres Lebens.«
(Almut W., Patientin mit Darmkrebs, auf einer Bundestagung
der »Frauenselbsthilfe nach Krebs«)

Die Operation haben Sie hinter sich, vielleicht auch Bestrahlungen und eine Chemotherapie? Dann sind Sie nun eine genesende Krebspatientin. In fünf Jahren werden Sie eine ehemalige Patientin sein – eine, die ihre Erkrankung hinter sich gebracht hat. Tritt sie innerhalb von fünf Jahren nach der ersten Behandlung nicht wieder auf, ist bei den meisten Krebsarten die Gefahr eines Rückfalls so gut wie gebannt. Der Brustkrebs macht allerdings eine Ausnahme: Hier spricht man nach zehn krankheitsfreien Jahren von Heilung.
Nach dieser Zeit sind Sie also über den Berg. Gewiss, auf dem Weg dorthin müssen Sie Hürden überwinden. Die sind aber keine unüberwindbaren Hindernisse auf dem Weg zu Ihrer Genesung. »Die Krankheit zählt zu den härtesten Belastungen für den Körper, für die Seele und für das tägliche Leben. Aber es ist Hilfe verfügbar, man muss sie nur zu finden wissen«, schreibt die Zeitschrift Spektrum der Wissenschaft in ihrem Spezialheft »Krebsmedizin«.
Doch bei der Suche nach Hilfen beginnt oft schon das Problem. Viele Betroffene befinden sich in einer Art Schockzustand. Das Wissen um die Krankheit lähmt sie derart, dass sie sich kaum zu Aktivitäten aufraffen können. Außerdem versuchen viele, nach außen den Eindruck zu erwecken, als würden sie gefasst mit ihrem Schicksal umgehen. Weil man die Umwelt schonen will, werden wertvolle Kräfte verschwendet, die woanders viel nötiger gebraucht werden: bei der eigenen Genesung.
Bevor Sie wie gelähmt auf ein weiteres Unglück warten (das möglicherweise gar nicht eintreffen wird), sollten Sie sich vor Augen führen: Viele Patientinnen sind nach der ersten Behandlung durch

die Operation oder durch zusätzliche Bestrahlungen schon geheilt. So schreibt der Gynäkologe und Krebsspezialist Professor Dr. Rolf Kreienberg, Direktor der Universitätsfrauenklinik in Ulm: »95 Prozent aller Patientinnen im frühen Brustkrebsstadium 1 und etwa 55 Prozent aller Patientinnen mit Brustkrebs sind bereits durch die Ersttherapie geheilt und somit eigentlich keine Erkrankte, sondern eher Betroffene.«

Er schreibt allerdings auch weiter: »Leider existieren bis heute keinerlei Testmöglichkeiten, die uns eine Unterscheidung zwischen den Frauen ermöglichen, die durch die Ersttherapie geheilt sind, und denen, bei denen das Leiden wieder aufflackert.«

Sie sind also möglicherweise schon gesund, haben aber jetzt eine Zeit der Unsicherheit vor sich, in der Sie nicht wissen, ob die Krankheit zurückkommt. Aber selbst wenn sie wieder aufflackern sollte: Es gibt – um beim Beispiel des Brustkrebses zu bleiben – bestimmte Formen des Rückfalls, die sich sehr gut behandeln lassen. Trotzdem ist diese Phase eine sehr harte Zeit, das will niemand bestreiten.

Ob Sie aber von Ihren Ängsten tyrannisiert werden, oder ob Sie auch ruhige Momente haben, hängt zu einem nicht unwesentlichen Teil von Ihrer Einstellung zu der Krankheit ab.

Quälen Sie sich nicht mit Fragen nach dem Warum

Wenn Sie sich Tag für Tag immer wieder fragen: »Warum gerade ich?«, »Wann wache ich aus diesem Alptraum auf?«, »Was habe ich falsch gemacht?«, »Ist das eine Strafe für mein Verhalten anderen Menschen gegenüber?«, dann führt das quälerische Grübeln nur dazu, dass Ihre Sorgen zu einem zentralen Thema werden. Ersparen Sie sich den Vorwurf, Sie hätten durch ein bestimmtes Verhalten gegenüber ihren Mitmenschen oder durch gewisse Eigenschaften das Leiden mitverursacht. Lesen Sie im Folgenden (Seite 16), warum es mit der »Krebspersönlichkeit« nicht weit her ist.

Und bevor Sie sich wieder und wieder fragen: »Warum gerade ich?«, sollten Sie sich vor Augen führen: Zu erkranken ist inzwischen eher die Regel als die Ausnahme. So berichtet die amerikanische Fernsehkorrespondentin Betty Rollin, dass sie im Jahr 1975 (als sie Brustkrebs bekam) niemanden mit dieser Krankheit kannte – bis auf die beiden Politikerfrauen Betty Ford und Happy Rockefeller. »Heute kenne ich kaum jemanden, der keinen Brustkrebs gehabt hat«, sagte Betty Rollin 1997 der amerikanischen Zeitschrift More. Die TV-Korrespondentin hat ihre Erfahrungen mit ihrer Erkrankung in einem Buch festgehalten, das ein Bestseller wurde. Vor 20 Jahren wollte zunächst kein Verleger das Werk drucken. »Brustkrebs – wer interessiert sich schon dafür?« fragte ein Lektor. Inzwischen ist das Thema aus der amerikanischen Öffentlichkeit nicht mehr wegzudenken. Die National Breast Cancer Coalition ist mit über sieben Millionen Mitgliedern eine überaus erfolgreiche Institution. Power-Frauen haben sich überall im Lande zusammengeschlossen, um ihr Anliegen gemeinsam durchzusetzen: ein besseres Leben mit Krebs.

Selbstvorwürfe und quälendes Nachdenken über die Schuldfrage sind kein Weg zum besseren Leben. Wenn Sie versuchen, derartige Gedanken in Schach zu halten, bewahren Sie sich außerdem vor übermäßigen Ängsten. Quälerisches Grübeln kann nämlich Angstgefühle verstärken. Je mehr Kraft Sie in sinnloses Nachdenken investieren, desto weniger Zeit bleibt Ihnen zum Auftanken.

Lassen Sie die Angst nicht Regie führen in Ihrem Leben

»›Sie haben Krebs‹ – diese drei Worte können das ganze Leben blitzartig verändern. Diese Angst ist da, geht meist nie mehr weg. Man kann aber lernen, mit der Angst zu leben«, sagt Susi Gaillard, selbst eine ehemalige Brustkrebspatientin, vom Schweizer Verein »Leben wie zuvor« in Reinach.

Das heißt: Die Angst sollte nicht mehr die Hauptrolle spielen in Ihrem Leben. Solange sie das tut, ist die Gefahr groß, dass sie Sie lähmt. Sie können nicht mehr planen, wie Sie gegen die Krankheit vorgehen, wie Sie Ihr Leben neu organisieren. Das heißt nun aber nicht, dass Sie Angstgefühle überhaupt nicht zulassen – also total verdrängen – sollten. »Die schlimmste Angst ist die, die nicht ausgesprochen wird«, sagt Professor Dr. Aulbert vom Evangelischen Waldkrankenhaus in Berlin-Spandau. »Angst auszusprechen, reduziert die Angst.« Reden Sie also mit Ihren Ärzten, Ihrer Familie und mit guten Freunden über Ihre Ängste.

Privatdozentin Dr. Mechthild Neises von der Universitätsfrauenklinik der Stadt Mannheim sieht das Verdrängen der Angst nur ganz zu Anfang der Erkrankung als eine normale Reaktion, die dazu dient, sich akut an eine überaus schwierige Lebenssituation anzupassen. Später aber, wenn die Ersttherapie beendet ist, sollten Sie sich aktiv mit Ihrer Angst auseinander setzen, denn vollständige Verleugnung kann wiederum heftige Angst auslösen. Genesende Krebspatientinnen wollen häufig mehr ihre Umwelt schützen als sich selbst, wenn sie nicht über ihre Angst und ihre Sorgen sprechen.
Es ist aber ein Trugschluss, zu glauben, dass man Trauer, Schmerz oder auch Wut und Ärger auf Dauer vor den anderen verbergen kann und dass diese Gefühle im Laufe der Zeit von allein schwächer werden. Die Gefühle unter Kontrolle zu halten, kostet viel Kraft, und oft kommt es dann irgendwann aus einem geringen Anlass doch zum Ausbruch der aufgestauten Gefühle.
Versuchen Sie also nicht, die Heldin zu spielen. Stellen Sie Ihrem Arzt unbequeme Fragen, löchern Sie ihn, wenn Sie etwas nicht verstehen. Sie haben ein Recht auf Information. Eine genesende Patientin, die über ihre Krankheit, ihre Chancen und über die Möglichkeiten informiert ist, was sie selbst zu ihrer Heilung beitragen kann, hat weniger starke Ängste als eine Patientin, die eine ständige Bedrohung fürchtet.
Nur gut informierte Patienten können ihre ganze Kraft und Energie auf die Auseinandersetzung mit der Krankheit, deren Auswirkung und Bewältigung richten.
Wenn Sie sich darüber informieren, welche Behandlungsmöglichkeiten es bei einem Rückfall gibt (der ja gar nicht eintreffen muss), werden Sie erfahren, dass auch hier häufig Hilfen möglich sind. Es ist hilfreicher, sich Hintergrundwissen zu verschaffen, als sich Tag und Nacht von diffusen Ängsten tyrannisieren zu lassen.
Reden Sie mit Ihrer Familie über Ihre Ängste. Sollten Ihre Angehörigen nach einer gewissen Zeit wieder zum Alltag übergehen, kann die Betreuung durch eine Selbsthilfegruppe eine wirksame Unterstützung für Sie sein. »Die Angst muss kanalisiert werden, so dass sie positiv wird«, sagte Annegret Haasche, Bundesvorsitzende der »Frauenselbsthilfe nach Krebs«. Dieses Kanalisieren von Angst kann zum Beispiel so aussehen, dass Sie sich schulen lassen und

später, wenn es Ihnen besser geht, neu erkrankte Frauen betreuen. (Lesen Sie dazu auch das Kapitel »Selbsthilfegruppen«.) Wer anderen Menschen hilft (und dadurch Erfolgserlebnisse hat), entwickelt selbst mehr Selbstbewusstsein. Wer selbstbewusster ist, der ist aber meist weniger ängstlich. Sie sehen: Sie können durchaus eingreifen und die Situation zu Ihrem Vorteil verändern.
Ihr Selbstbewusstsein können Sie aber auch fördern, indem Sie sich künstlerisch betätigen und sich in Ihren Werken zum Beispiel mit Ihrem Genesungsprozess auseinander setzen. Über positive Erfahrungen, die Therapeuten und genesende Krebspatienten mit Malen, Musizieren, bildnerischem Gestalten und anderen Techniken gemacht haben, berichten wir am Ende dieses Kapitels.
Wird die Angst übermächtig und lässt sich durch Informieren, Ablenken, Aussprechen, Kreativität nicht in den Griff bekommen, sollten Sie sich von einer Fachperson helfen lassen. In einigen Fällen kann es durchaus ratsam sein, für eine Zeit eine Psychotherapie zu machen, obwohl einige Ärzte eher davon abraten. Genesenden Krebspatienten hilft tatsächlich nicht jede Form von Therapie. Welche Maßnahmen angewandt werden – es müssen nicht immer psychotherapeutische sein –, sollte eine Fachperson entscheiden. Häufig helfen auch entspannende Methoden. Sie haben eine angstlösende und beruhigende Wirkung. Am Ende dieses Kapitels stellen wir wirksame Therapien zur Entspannung vor.

Was hilft bei depressiven Verstimmungen?

Als Reaktion auf die Dauerbelastung, der Sie ausgesetzt sind, können sich depressive Verstimmungen einstellen. Die bewirken nicht nur, dass man die Welt grau in grau sieht. Sie ziehen auch andere gesundheitliche Probleme nach sich. Diese können sich wiederum ungünstig auf Ihre Genesung auswirken. Folgeerscheinungen depressiver Verstimmungen können sein: Antriebsschwäche, Mutlosigkeit, Gedächtnisstörungen, Konzentrationsschwäche, man kann sich zu nichts aufraffen. Um gesund zu werden, ist es aber ganz wichtig, dass Sie aktiv sind und sich Hilfsquellen erschließen können.
Außerdem sind Sie dann besser vor anderen gesundheitlichen Problemen geschützt, die oft in Verbindung mit einer Depression auf-

treten. So kann Schlaflosigkeit die Folge einer depressiven Verstimmung sein. Manchmal ist sie aber auch eine eigenständige Reaktion des Körpers auf Ihre Auseinandersetzung mit der Krankheit: Weil Sie sich zu viele Sorgen machen, schlafen Sie schlecht. Dass auch Gedächtnis- und Konzentrationsstörungen Folgen depressiver Verstimmungen sein können, wurde jetzt in einer Untersuchung einer schottischen Arbeitsgruppe bestätigt. Ihre Ergebnisse wurden in dem renommierten British Journal Cancer veröffentlicht. Manchmal nehmen Patienten aber in stark belastenden Situationen nicht wahr, was jemand Ihnen mitteilen will (oder sie vergessen Gesagtes sofort), ohne dass depressive Verstimmungen dahinter stecken. Das kann dann der Fall sein, wenn eine anstrengende Therapie angekündigt wird oder wenn ungünstige Behandlungsergebnisse diskutiert werden. Sie müssen sich keine Vorwürfe machen, wenn Sie in derartigen Situationen etwas nicht mitbekommen. In bestimmten, besonders stressigen Augenblicken schalten wir manchmal ab, um uns selbst zu schonen. Nehmen Sie zu derartigen Gesprächen eine Begleitperson mit. Mit der können Sie später das vom Arzt Gesagte noch einmal durchgehen. Aktives Vorgehen empfiehlt sich aber gegen depressive Verstimmungen. Wer entspannt und ruhig ist, kann oft schon viel gegen sie ausrichten. Sanfte Entspannungsverfahren können Ihnen helfen, Ihr inneres Gleichgewicht zu finden. Am Ende dieses Kapitels stellen wir wirksame Methoden für mehr Ruhe und Gelassenheit vor.
Starke chemische Medikamente zu schlucken, ist nur zu empfehlen, wenn eine Fachperson eine klinische Depression festgestellt hat. Häufig aber helfen sanftere Mittel, zum Beispiel die Heilpflanze Johanniskraut mit ihrer stimmungsaufhellenden Wirkung.

Besser leben mit Krebs

1. Machen Sie sich nicht selbst verantwortlich für das Entstehen der Krankheit. Ein Zusammenhang zwischen der Krebserkrankung und bestimmten Eigenschaften des Patienten, seiner seelischen Verfassung sowie schweren Schicksalsschlägen (zum Beispiel der Tod des Partners) ist nicht bewiesen.

2. Räumen Sie auf mit dem Vorurteil: »Krebs ist gleichzusetzen mit Tod«. Viele Krebserkrankungen können heute geheilt werden. Andere können dank der modernen Medizin oft über viele, viele Jahre behandelt werden – und während der Behandlungszeit werden möglicherweise Therapien gefunden, die auch diese Krebsformen endgültig besiegen.

3. Gehen Sie aktiv an die Bewältigung der Krankheit heran. Erkundigen Sie sich bei anderen Betroffenen, wie die zurecht kommen. Besorgen Sie sich Lektüre, besuchen Sie Seminare. Wer informiert ist, fühlt sich nicht so hilflos.

4. Prüfen Sie, ob eine Selbsthilfegruppe Sie unterstützen kann. Sollte Ihnen die Arbeit in einer derartigen Gruppe nicht zusagen: Sie sind nicht verpflichtet, ihr auf Dauer anzugehören.

5. Machen Sie sich keine Vorwürfe, wenn Sie die Welt manchmal grau in grau sehen. Seelische Verstimmungen plagen praktisch alle Patienten. Durch aktiven Umgang mit der Krankheit sowie durch die Hilfe psychosozialer Dienste lassen sich derartige Krisen in den Griff bekommen. Seelischen Beistand zu suchen, ist kein Zeichen von Schwäche, sondern von Stärke.

6. Sorgen Sie für seelische und körperliche Entspannung. Atemübungen, Meditation und Muskeltraining helfen Ihnen, das innere Gleichgewicht zu finden.

7 Verstecken Sie Ihre Sorgen nicht vor Ihren Mitmenschen. Reden Sie über Ihre Probleme. Nur wenn Familie und Freunde wissen, wie es wirklich um Sie steht, können sie auf Ihre Nöte eingehen.

8 Verzichten Sie nicht auf die schulmedizinische Betreuung, weil Sie sich mit alternativen Therapien behandeln lassen möchten. Wenn Sie sich über alternative Behandlungen informieren, dann sollten Sie das nicht nur bei Herstellern von Produkten oder bei Anbietern bestimmter unkonventioneller Behandlungsformen tun. Lassen Sie sich auch von Personen beraten, die diesen Therapien neutral gegenüberstehen.

9 Gehen Sie auf die Suche nach einem Arzt, der sich wirklich Ihrer Probleme annimmt, der Sie informiert über geplante Therapien, aber auch über mögliche Nebenwirkungen. Nehmen Sie eine Begleitperson mit in die Praxis, wenn Sie das Gefühl haben, vor Aufregung (oder manchmal auch aus Angst) nicht alles mitbekommen, was der Arzt sagt.

10 Vielen Erkrankten hilft eine Rückbesinnung auf die Religion beim Bewältigen ihrer Krankheit. Prüfen Sie, ob der christliche Glauben Sie darin unterstützen kann, neuen Mut zu finden.

Gibt es eine Krebspersönlichkeit?

Jahrelang wurde von einigen Psychologen und Onkologen (Krebsärzten) die Auffassung vertreten, bestimmte Verhaltensweisen oder Eigenschaften eines Menschen könnten mit dazu beitragen, dass sich eine Krebserkrankung entwickelt. Dazu zählten Verleugnung unangenehmer Tatsachen, Hoffnungslosigkeit, Entfremdung, Depressionen, Antriebsschwäche und Verbitterung. Inzwischen rückt man auf breiter Front von dieser Meinung ab. »Die Krebspersön-

lichkeit ist offenbar bloß ein Hirngespinst der Psychosomatik«, schrieb der Deutsche Forschungsdienst schon 1995 in seinen Berichten aus der Wissenschaft.
Und auch der Pressedienst »Psych. Press« stellte 1997 fest: »Die psychosomatische Medizin ist generell skeptischer geworden, was die Erklärung somatischer (körperlicher) Erkrankungen durch psychische Einflüsse betrifft. Das gilt auch für das Konzept der Krebspersönlichkeit.«
Zwei neue Studien bestätigen diese Einschätzung. Prof. Dr. Reinhold Schwarz, Leiter der Abteilung Sozialmedizin des Instituts für Arbeits- und Sozialmedizin der Universität Leipzig, befragte Frauen, bei denen ein Anfangsverdacht auf Brustkrebs bestand, und Männer mit Verdacht auf Lungenkrebs. Die Gespräche fanden statt, bevor eine Gewebeprobe entnommen wurde. Erst diese bringt endgültige Klarheit darüber, ob ein Krebs vorliegt. Später stellte sich heraus: Die Patienten, die tatsächlich erkrankt waren, unterschieden sich in ihren charakterlichen Merkmalen kaum von den Personen, bei denen kein Karzinom festgestellt wurde.
Auch die Vermutung, dass starker Stress, zum Beispiel der Tod eines nahen Angehörigen durch tragische Umstände, die Krankheit mitauslösen könne, wurde nicht bestätigt. Damit habe sich die Theorie von der Krebspersönlichkeit als hinfällig erwiesen und sollte aufgegeben werden, kommentiert Prof. Schwarz seine Untersuchung. So seien bestimmte Persönlichkeitszüge wie Depressionen und Antriebslosigkeit die Folge und nicht – wie oft behauptet – die Ursache von Krebs.
Privatdozent Dr. med. Hermann Faller vom Institut für Psychotherapie und medizinische Psychologie der Universität Würzburg kam in einer Studie zu dem Schluss, dass die Krebspersönlichkeit eher in der Überzeugung der Patienten existiert, nicht aber real. Dazu muss man allerdings anmerken: Die Theorie, dass negative Eigenschaften oder Gefühle eine Krebserkrankung auslösen könnten, haben nicht nur Patienten entwickelt, sondern eine Reihe von Experten haben daran mitgestrickt.
Sie als Genesende sollten sich aber ganz schnell von diesem Vorurteil befreien. Patienten, die eine Beziehung zwischen bestimmten Charakterzügen und der Krankheit vermuten, sind depressiver und hoffnungsloser als andere, fand Dr. Faller in der bereits zitierten

Studie heraus. Und Schuldgefühle, die die Patienten haben, weil sie glauben, die Krankheit durch ihre Verhaltensweise (oder ihre Reaktionen auf Ereignisse) mitverursacht zu haben, können ihre Situation sogar negativ beeinflussen oder sich ungünstig auf den Genesungsprozess auswirken.

Übungen zum Entspannen

Bekannte Übungen zum Entspannen, wie Autogenes Training, Yoga oder Meditation, können Sie in vielen Rehakliniken, in Selbsthilfegruppen, in Kursen onkologischer Beratungsstellen oder an Volkshochschulen lernen. Wir haben einige nicht ganz so bekannte Entspannungstechniken für Sie zusammengestellt. Vielleicht bekommen Sie aufgrund der Beschreibung der Übungen Lust darauf, die eine oder andere Methode auszuprobieren. Wir zeigen jeweils exemplarisch eine Übung oder sagen, wie die Methode praktiziert wird. Sie sollten die Entspannungstechniken aber unter Anleitung fachlich geschulter Kräfte lernen. Die hier vorgestellten Methoden werden ebenfalls von einer Reihe von Institutionen angeboten, die Krebspatienten beraten, oder von Einrichtungen, die sich auf bestimmte Entspannungstechniken spezialisiert haben. Ob die hier gezeigten Übungen für Sie geeignet sind, muss Ihnen ebenfalls eine Fachperson sagen.

Atemtherapie

Durch ruhigeres Atmen soll der Körper besser mit Sauerstoff versorgt werden. Das verbessert unter anderem die Muskelspannung, man ist weniger empfänglich für Schmerzempfindungen. Wer hektisch atmet, drückt so häufig Anspannung und Stress aus. Richtiges Atmen dagegen wirkt Nervosität und Ängsten entgegen. Hier eine ganz einfache Grundübung:

Mit gegrätschten Beinen gerade hinstellen. Tief einatmen und dabei die gestreckten Arme seitlich nach oben nehmen. Die Finger verschränken und die Handflächen zur Decke drehen. Ausatmen und Arme vorne über den Kopf nach unten senken. Dann erst die Finger lösen. Mindestens 10-mal wiederholen.

Falls es für Sie zu anstrengend sein sollte, diese Übung im Stehen durchzuführen, können Sie sie auch im Sitzen machen.

Qi-Gong

Mit dieser uralten chinesischen Bewegungslehre können Sie neue Energie tanken. Das Programm besteht aus Atem- und Haltungsübungen und kommt ganz ohne Kraftanstrengung aus. Die Übungen entspannen, stärken die Nerven und bauen Stress ab. Sie sollten langsam und konzentriert durchgeführt werden. Die folgende Übung verhilft zu innerer Ausgeglichenheit:

1. Sie stehen gerade, die Füße hüftbreit auseinander, Arme anwinkeln, Hände in Taillenhöhe halten (die Handflächen zeigen nach oben). Tief einatmen.

2. Dann vorbeugen und Arme nach unten fallen lassen (Handflächen gegeneinander!) – ausatmen. Wieder aufrichten, dabei die Fäuste ballen und zur Brust führen und tief einatmen.

3. Nun die Arme langsam und konzentriert waagerecht – auf Schulterhöhe – zur Seite strecken und ausatmen. Dabei sind die zur Faust geballten Hände nach vorn gedreht.

4. Einatmen und dabei die Fäuste nach hinten drehen (Handrücken zeigen nach vorn). Anschließend ausatmen und noch einmal die Fäuste nach vorn drehen.

5. Zum Abschluss der Übung die Arme anwinkeln und die Fäuste zum Nabel führen, dabei einatmen. Beim Ausatmen die Fäuste öffnen und Arme lockern. 20-mal wiederholen.

Eutonie

Diese Entspannungsmethode wurde von der Therapeutin Gerda Alexander entwickelt und Ende der 50er Jahre erstmals der Öffentlichkeit vorgestellt. Den Namen ihrer Übungen setzte sie aus den griechischen Begriffen »eu« = »gut« und »tonus« = »Spannung« zusammen. Sie sollen den Körper in eine Art »Wohl-Spannung« versetzen. Durch chronische Krankheiten oder unterdrückte Gefühle steht der Körper häufig unter starker Anspannung. Das führt zu einer Reihe von Einschränkungen, zum Beispiel kann die Selbstwahrnehmung gestört sein. Hier eine Übung aus dem Eutonie-Programm, mit deren Hilfe sich das Körpergefühl verbessern lässt:

Nehmen Sie einen Stock (ca. 70 cm lang) und halten Sie ihn ganz locker – im Stehen (mit geschlossenen Augen) – als Bindeglied zwischen den Händen. Sehen Sie ihn zuerst als Verlängerung der rechten, dann der linken Hand, bis Sie schließlich ihre Hände durch den Stock zu einer Einheit verbunden fühlen. Bewegen Sie Ihre Hände sanft in alle Richtungen. Spüren Sie dabei auch Arme und Schultern. Nun machen Sie die Übung ohne Stock. Fühlen Sie noch die Verbindung?

Feldenkrais

Diese Methode hat der israelische Kernphysiker Moshe Feldenkrais entwickelt. Er stellte fest, dass das Selbstbild eines Menschen auch durch die Art beeinflusst wird, in der er Bewegungen durchführt. In Stresssituationen verkrampft man sich und spannt die Muskeln an. Steht jemand häufig unter Druck, können diese sich nicht mehr lockern. Nach einiger Zeit wirkt die gesamte Körperhaltung verkrampft. Auch Depressionen und Trauergefühle können sich negativ auf die Haltung auswirken. Man geht gebeugt, die Bewegungen sind schleppend. Mit Hilfe der Feldenkrais-Übungen soll das Körperbewusstsein verbessert, sollen neue Bewegungsformen entdeckt werden. Der enge Zusammenhang zwischen Bewegungsabläufen und Seele wird verdeutlicht. Die Feldenkrais-Methode fördert die Sensibilität. Das ist besonders wichtig, damit Sie als genesende Patientin sich nach der Behandlung wieder mit Ihrem Körper versöhnen. (Lesen Sie dazu auch das Kapitel »Sexualität« ab Seite 61.) Alle Bewegungen werden leicht und spielerisch ausgeführt. Hier nun eine Übung, die die Körperwahrnehmung stärkt:

Legen Sie sich auf die linke Seite, die Beine angewinkelt und den linken Arm vor sich ausgestreckt. Die rechte Hand legen Sie flach auf die Stirn. Nun rollen Sie den Kopf sehr langsam nach rechts (die Hand bleibt auf der Stirn) und spüren Sie dabei, wie sich die Bewegung des Kopfes über Brust und Rückenmuskulatur in den Brustraum fortsetzt und auf das Becken übertragen wird. Schmerzt es? Aufhören, dabei den Kopf behutsam zurückrollen.

Progressive Muskelentspannung

Diese Methode wurde im ersten Drittel dieses Jahrhunderts von dem Amerikaner Dr. Edmund Jacobson entwickelt. Sie wird auch als Progressive Muskelrelaxation bezeichnet (dieser aus dem Englischen stammende Begriff bedeutet »fortschreitende Entspannung«. Das Verfahren will eine Entspannung über das Muskelsystem erreichen. Nacheinander werden einzelne Muskelgruppen kurz angespannt und wieder entspannt.
Die Übungen werden immer in einer bestimmten Reihenfolge durchgeführt. Zuerst werden nacheinander die Muskeln der rechten Hand, des rechten Unterarms und des rechten Oberarms entspannt, danach – in genau der gleichen Reihenfolge – die linke Hand und der linke Arm. Dann folgen die Gesichtsmuskeln mit Stirn, Augen, Nase, Mund, Kiefer- und Wangenmuskulatur. Dann geht es weiter mit Hals-, Nacken,- Schulter-, Rücken- und Bauchmuskeln. Den Abschluss bilden die Übungen für Gesäß-, Oberschenkel-, Waden- und Fußmuskulatur. Dabei muss darauf geachtet werden, dass die Muskeln nicht verkrampft werden und so bei der Anspannung keine Schmerzen entstehen. Sie sollten nur so weit angespannt werden, dass ein leichtes Spannungsgefühl entsteht.
Auch künstlerische Therapien wie Musik oder Malerei können Ihnen helfen, innerlich zur Ruhe zu kommen, Ängste besser zu bewältigen, Probleme eine Zeit lang zu vergessen oder sie besser an-

packen zu können. Wir stellen Ihnen hier zwei Verfahren vor, die zum Beispiel in einigen Rehakliniken oder von onkologischen Beratungsstellen angeboten werden:

Rezeptive Musiktherapie

Der Begriff »rezeptiv« bedeutet »empfangen« oder »empfänglich«. Das heißt: Bei dieser Methode wird nicht aktiv musiziert, sondern die Patientin soll durch das Hören bestimmter Musikstücke positiv beeinflusst werden. Meist werden Lieblingsstücke der Patientin gespielt oder Musikstücke, mit denen sie besondere Ereignisse in ihrem Leben verbindet. Dadurch tauchen dann die Erinnerungen an bestimmte Situationen auf. Das müssen nicht nur angenehme Erinnerungen und Gefühle sein. Diese Gefühle werden dann im Anschluss mit dem Therapeuten durchgesprochen.
An der Universitätsklinik Ulm haben Experten die »Rezeptive Musiktherapie« auf ihre Wirksamkeit überprüft. Im Rahmen einer Studie wurde den Patienten zum Teil ihre Lieblingsmusik vorgespielt, es wurden aber auch eine Reihe von Musikstücken gespielt, die nach besonderen rhythmischen und musikalischen Kriterien ausgewählt worden waren. Dazu zählten zum Beispiel »I'm getting sentimental over you« von Tom Dorsey, »War« von J. Satriani, aber auch Musik von Johann Sebastian Bach.
Vorher hatten die Experten anhand einer »Befindlichkeitsskala« ermittelt, wie stark die Depressionen waren, unter denen die Patienten litten. Fazit der Studie: Nach der Therapie waren die Depressionen bei fast allen Patienten geringer geworden.
Diese Therapie ist vor allem geeignet für Patienten, die selbst nicht aktiv Musik machen wollen oder können. Sie wird meist als Einzeltherapie praktiziert, da ja normalerweise Musikstücke gespielt werden, die für den jeweiligen Patienten maßgeschneidert sind.

Maltherapie

Die Maltherapie, der Umgang mit bildnerischen Mitteln, wird meist in Gruppen praktiziert. Sie ist eine der am häufigsten angewendeten Kunsttherapien. Als Materialien dienen zum Beispiel Farben, Papier und Ton. Nicht nur das Produkt, sondern auch der Prozess des Tuns ist Ausgangspunkt für das anschließende Gespräch zwischen Therapeut und Patient sowie den Patienten untereinander. Das Malen von Bildern ist für viele Patientinnen eine gute Methode, nicht nur die Probleme des Alltags zu vergessen, sondern durch die Werke, die sie schaffen, eine Ausdrucksmöglichkeit für ihre Gefühle zu finden. Es spielt dabei keine Rolle, wie gut eine Patientin malt. Entscheidend ist, dass die Beschäftigung mit Farben, das Darstellen eigener Gedanken (oder das Sich-Einstellen auf ein vorgegebenes Motiv) ablenkt vom Alltag, dass man beim bildnerischen Gestalten auch eigenen Fähigkeiten, Vorstellungen – aber auch Konflikten – auf die Spur kommen kann. Wenn jemand sich fragt: »Warum male ich das so?« oder »Was möchte ich mit diesem Bild ausdrücken?«, dann wird er häufig überraschende Antworten bekommen. Diese findet er zum Teil selbst, zum Teil hilft ihm aber auch der Therapeut oder die Therapeutin bei der Deutung eines Werkes.

Außerdem stärkt so eine Therapie das Selbstbewusstsein und bietet häufig auch eine Möglichkeit, depressive Verstimmungen zu mindern.

Familie

»Der höchste Grad der Arznei ist die Liebe.«
(Paracelsus)

Patienten, denen Verwandte oder Freunde zur Seite stehen, kommen mit der Diagnose meist besser zurecht als andere. Das stellte Prof. Reinhold Schwarz vom Institut für Arbeits- und Sozialmedizin der Universität Leipzig fest. Der Schmerz lasse sich gemeinsam besser ertragen. Damit sind nicht nur körperliche Schmerzen gemeint, sondern ganz allgemein die Veränderungen im Leben des Patienten oder der Patientin, die ja ebenfalls schmerzvoll sein können.
Auch an der Universitätsfrauenklinik Gießen wurde festgestellt: Die Patientinnen, die sich – etwa in Selbsthilfegruppen – den mit der Krankheit verbundenen Problemen stellen und mit Angehörigen und Freunden darüber reden, haben bessere Chancen als solche, die sich abkapseln.
Idealvorstellung und Wirklichkeit klaffen allerdings häufig auseinander. »Oft wird versucht, in der Familie nicht darüber zu reden«, sagt Susi Gaillard, Leiterin von »Leben wie zuvor«, einer Schweizer Vereinigung von Patientinnen mit Brustkrebs. »Was man nicht bespricht, ist nicht da. Man schafft ein Watte-Klima.« Für Sie als Genesende ist das aber kein weiches Ruhekissen, auf dem Sie sich erholen können. Im Gegenteil: Wer seine Sorgen immer nur herunterschluckt, herunterspielt, seine Angst versteckt, der ist so stark damit beschäftigt, das alles zu bewerkstelligen, dass für aufbauende Gedanken kaum Raum bleibt.
Die Umwelt macht es den Genesenden allerdings oft nicht leicht, Probleme offen auszusprechen. »Ich lächle, denn tue ich es nicht, werde ich verlassen« – das ist ein provokanter Satz aus dem Theaterstück »Der Nächste bitte«, das sich mit dem Thema Frauen und Krebskrankheit auseinander setzt.
Aber nicht alle Menschen in der Umgebung der Betroffenen erwarten, dass sie hundertprozentig funktionieren. So berichtet Ulrike Keltsch-Zickert von der Beratungsstelle der Hessischen Krebsgesellschaft in Bad Wildungen, dass rund 40 Prozent der Personen, die

zu ihr kommen, Angehörige oder Freunde der Patienten sind. Die wissen nicht, wie sie sich dem Kranken gegenüber verhalten sollen, und erhoffen sich von der Beratungsstelle Hilfen. Sie sehen: Ihre Umwelt kann also durchaus bereit sein, sich mit den Veränderungen auseinander zu setzen. Sie müssen Ihre Bedürfnisse aber auch äußern.
Das ist sicher kein leichtes Unterfangen. Für erkrankte Frauen erweist es sich häufig als schwierig, bei nicht von der Krankheit Betroffenen Verständnis zu finden. Und so ist dann auch jede dritte Frau enttäuscht über das Verhalten ihres Partners. Das ist zumindest das Ergebnis einer Studie mit über 1000 Patientinnen, die an Brust-, Gebärmutter- oder Eierstockkrebs litten. Der Freiburger Arzt und Psychologe Privatdozent Walter Schuth, der diese Studie durchgeführt hat, stellte fest: Frauen erhoffen sich auf dem Weg zur Genesung die größte Unterstützung von ihrem Partner sowie von ihrem Gynäkologen. Aber es nahmen zum Beispiel nur zwei Prozent der Männer an dem Gespräch teil, in dem den Frauen das Ergebnis ihrer Untersuchung mitgeteilt wurde.
Auch nachdem sie nach der Erstbehandlung wieder zu Hause waren, klagten die Frauen über zu wenig Anteilnahme. Wenn die Männer Vorschläge machten wie »nicht an die Krankheit denken« oder »positiv denken«, sei das keine große Hilfe, ergab die Freiburger Studie. – Sind die Männer selbst erkrankt, sieht das übrigens ganz anders aus. In einer weiteren Studie fand Schuth heraus: Bei zwei Drittel der befragten Männer war die Partnerin mitgegangen, als der Arzt die Ergebnisse der Untersuchung bekannt geben wollte. Auch in der Phase nach der Ersttherapie bekamen die Männer genügend Beistand durch ihre Partnerin.
Diese Ergebnisse müssen nun nicht als Gefühlskälte seitens der Männer gesehen werden. Die denken oft, sie verschonen ihre Partnerin vor nicht so angenehmen Tatsachen, wenn sie so tun, als wäre alles beim Alten. Außerdem müssen die Männer sich an völlig neue Rollen gewöhnen. Bisher wurden sie von ihrer Partnerin gepflegt, bemuttert und getröstet, wenn sie krank waren. In vielen Familien ist es immer noch eine Selbstverständlichkeit, dass die Mutter den Part der Krankenschwester übernimmt, wenn jemand krank wird. Braucht sie nun selbst Unterstützung beim Gesundwerden – und zwar nicht nur für einige Tage, sondern meist über einen län-

geren Zeitraum hinweg –, wissen die anderen Familienangehörigen oft nicht, wie sie helfen sollen. Trost zu spenden, Geduld aufzubringen, zuzuhören, das haben die anderen oft nicht gelernt.

Wenn Sie nicht von sich aus signalisieren, dass Sie Unterstützung und Trost benötigen, sondern den Eindruck erwecken, dass mit Ihnen alles in Ordnung ist, werden Sie meist auch keinen Beistand bekommen. Dass viele Männer ganz gern den Kopf in den Sand stecken, Probleme durch Aussitzen lösen, ist nicht neu. Dieses Muster bewährt sich ihrer Meinung nach relativ häufig. Warum sollten sie es also nicht in diesem Falle anwenden?

Falls es schwierig ist, Ihre Angehörigen zu mehr Unterstützung zu motivieren, können Sie sich von psychosozialen Helfern raten lassen, wie Sie sie dazu bringen, stärker auf Sie einzugehen. Damit Ihrer Familie deutlich wird, dass Sie von nun an Hilfe und Beistand benötigen, kann es sehr hilfreich sein, wenn die Kinder oder der Partner Sie während der Reha-Kur begleiten (lesen Sie dazu auch das Kapitel »Reha-Kuren« ab Seite 34). In der entspannten Kuratmosphäre können Sie sich auch gemeinsam in Ruhe über die Veränderungen unterhalten, die in der Zeit bis zu Ihrer Genesung auf die Familie zukommen. Hier kann der Grundstein gelegt werden für spätere Gespräche, in denen Sie sich Ihre Sorgen von der Seele reden können. Und Sie werden sehen: Wenn Sie mit anderen darüber sprechen, zeichnen sich häufig auch Lösungen für diese Probleme ab, Lösungen, auf die Sie, würden Sie nur im stillen Kämmerlein mit Ihrem Schicksal hadern, möglicherweise gar nicht gekommen wären.

Während der Reha-Kur können sich der Partner oder die Kinder auch nach und nach mit dem Gedanken vertraut machen, dass Sie sich verändert haben – und sich auf die neue Situation einstellen. Später, wenn Sie wieder zu Hause sind, bleibt in der Hektik des Alltags oft wenig Zeit dafür. Und wenn Sie dann so tun, als ob mit Ihnen alles in Ordnung sei, wird Ihre Familie nur allzu gern zur Tagesordnung übergehen.

Es gibt inzwischen eine ganze Reihe von Reha-Einrichtungen, die den Partner mit aufnehmen. Einige bieten auch einen Aufenthalt für Mutter und Kind an. Wenn Sie einen Antrag auf eine Rehabilitationskur stellen, können Sie deutlich machen, dass Sie eine Begleitperson mitnehmen möchten.

Familie

Sind Sie nach der Kur schon wieder einige Wochen im Alltagstrott und haben das Gefühl: »Ich bekomme von meiner Familie nicht genügend Rückhalt«, dann gibt es die Möglichkeit, sich mit einer Selbsthilfegruppe in Verbindung zu setzen. Dort finden Sie Betroffene, mit denen Sie offen über Ihre Probleme reden können. Oder Sie wenden sich an eine psychosoziale Beratungsstelle. Dort helfen Ihnen Profis.

Nachsorge

> »Nachsorge – das bedeutet etwas tun,
> bevor Sie sich sorgen müssen.«
> (Annegret Haasche, Bundesvorsitzende
> der »Frauenselbsthilfe nach Krebs«.)

Unter Nachsorge versteht man die regelmäßige ärztliche Kontrolle der Patientinnen nach der Ersttherapie. Daneben steht die seelische und soziale Rehabilitation der Patientin im Vordergrund aller Bemühungen.
Der Begriff »Nachsorge« steht also für regelmäßige medizinische Kontrollen sowie für die Möglichkeit, bei Sorgen und Problemen Beistand und Hilfe zu bekommen. Meist wird Ihnen nach der Erstbehandlung in der Klinik (Operation, möglicherweise zusätzlich Strahlen- und Chemotherapie) ein Nachsorgepass ausgehändigt. In dem sind die Nachsorgetermine eingetragen, aber auch ein für den Tumortyp angebrachtes Nachsorgeschema.
Ganz allgemein gilt: Bei den meisten Arten von Tumoren wird im ersten, zweiten und dritten Jahr nach der ersten Behandlung eine vierteljährliche Kontrolle empfohlen, im vierten und fünften meist eine halbjährliche. Danach wird meist ein Nachsorgetermin pro Jahr vorgeschlagen. Bis vor kurzem wurde die Nachsorge häufig nach einem strikten Schema durchgeführt, das mehr oder weniger für alle Patienten gleich war. Dazu zählten oft aufwendige Diagnoseverfahren wie Computertomografien oder Knochenszintigramme. Inzwischen gehen die Ärzte immer stärker dazu über, derartige Methoden nicht routinemäßig anzuwenden. Stattdessen wollen sie stärker auf die einzelnen Patienten eingehen. Die menschliche Betreuung der Patienten kam früher nämlich – bedingt durch den Einsatz der High-Tech-Methoden – oft zu kurz.
Diese Änderungen in der Nachsorge haben weniger mit den Sparmaßnahmen im Gesundheitswesen zu tun als mit der Einsicht, dass Rezidive (also ein Rückfall) meist durch einfachere Diagnosemethoden erkannt werden, zum Beispiel durch eine Befragung der Patientin oder durch die Suche nach bestimmten Symptomen. Auch

so genannte Tumormarker werden nicht mehr so häufig überprüft wie früher. Tumormarker sind körpereigene Substanzen, die bei Zellwucherung verstärkt auftreten. Werden bei Überprüfung von Blut oder Urin höhere Konzentrationen dieser Marker festgestellt, so kann das ein Hinweis auf einen Rückfall sein. Aber häufig ist das falscher Alarm. Tumormarker können manchmal auch aus anderen Gründen erhöht sein, zum Beispiel dann, wenn jemand stark raucht, oder bei Entzündungen im Gewebe.
Patienten, für die Kontrollen mit Hilfe von High-Tech-Methoden wichtig sind oder bei denen regelmäßig Tumormarker überprüft werden müssen, werden von ihrem Arzt darüber informiert. Auch wenn Sie als genesende Krebspatientin aufwendige High-Tech-Untersuchungen wünschen, weil sie Ihnen ein Gefühl von Sicherheit geben, können Sie Ihrem Arzt das mitteilen.
Welche neuen Richtlinien jetzt vorgeschlagen werden, zeigen wir in der Tabelle auf S. 32 am Beispiel für die Nachsorge bei Brustkrebs. Die Nachsorge ist aber durchaus keine reine Suche nach Anzeichen für eine mögliche Rückkehr der Krankheit. Der Arzt prüft auch, ob die Ersttherapie unerwünschte Folgen gehabt hat – und sorgt dann natürlich dafür, dass diese behandelt werden. Derartige Auswirkungen der Behandlung lassen sich ebenfalls oft mit einfacheren Diagnosemethoden feststellen, zum Beispiel durch eine Tastuntersuchung oder durch Fragen, die der Arzt stellt. In der folgenden Tabelle sehen Sie, welche Therapiefolgen einige häufig auftretende Krebsarten haben können.
Oft können Sie selbst entscheiden, wohin Sie zur Nachsorge gehen möchten: zu dem niedergelassenen Arzt, der Sie behandelt, in eine onkologische Schwerpunktpraxis (Onkologie = Lehre der Krebserkrankungen) oder in die Klinik, in der Sie behandelt worden sind. Bevor Sie sich für eine ambulante oder eine stationäre Nachsorge entscheiden, sollten Sie auch Ihre Situation bedenken. Wer einen großen Haushalt mit mehreren Kindern versorgt, kann oft kaum die Zeit für ambulante Nachsorge abknapsen. Wenn Sie aber stationär in die Klinik »müssen«, wird sich schon eine Hilfe finden, die einspringt. Sie sollten hier durchaus egoistisch sein. Es geht um Ihre Gesundheit, und Sie als genesende Krebspatientin sollten alles tun, um diese zu fördern. Erledigen Sie die Nachsorge nicht nebenbei, um so schnell wie möglich wieder für die anderen dazusein. Jetzt

sind Sie selbst wichtig! Dass im Rahmen der Nachsorge eventuelle negative Folgen der Therapie festgestellt und behandelt werden, das kann zum Beispiel ganz wichtig sein für Ihre Genesung. Genauso wichtig kann es sein, dass Sie mit dem Arzt über Ihre Sorgen reden und der Ihnen gegebenenfalls sagt, wer Ihnen bei etwaigen Problemen hilft.

Sicher, zur Nachsorge zu gehen, das ist kein leichter Weg. Viele Patienten denken schon lange vor diesem Termin voller Angst daran. Wird der Arzt »was finden«? Umso größer ist dann die Erleichterung, wenn alles in Ordnung ist. Auch für die Nachsorge gilt: Lassen Sie die Angst nicht Ihr ganzes Leben beherrschen. Reden Sie mit Ihrer Familie und Ihren Freunden über Ihre Angst, machen Sie Entspannungsübungen. Wer entspannt und gelöst ist, kann besser mit der Angst umgehen als jemand, der verkrampft und voller Sorge an einen bevorstehenden Termin denkt.

Und berücksichtigen Sie eines: Die Nachsorge hilft, unerwünschte Folgen der Ersttherapie aufzudecken. Dass die so früh wie möglich festgestellt und behandelt werden, ist ein ganz wichtiger Baustein auf Ihrem Weg zur Genesung.

Welche Folgen kann die Behandlung haben?

Krebsart	Mögliche Folgen
Brustkrebs	Lymphödem (das Anschwellen eines Körperteils durch einen Abflussstau der Lymphe. Das ist eine hellgelbe Flüssigkeit aus Blutzellen, die im Körper zirkuliert). Das Lymphödem kann durch Operationsnarben entstehen. Betroffen ist der Arm auf der Seite, an der die Brustkrebsoperation durchgeführt wurde.
	Beschwerden im Bereich der Halswirbelsäule, die häufig auch zu Kopfschmerzen führen können. Ursache: die »Schonhaltung« nach der Operation.

	Depressive Verstimmungen. Ursache kann das Gefühl sein, nach der Entfernung der Brust keine vollwertige Frau mehr zu sein.
Gebärmutter-halskrebs	Kreuzschmerzen als Folge der Entfernung der Gebärmutter. Probleme mit der Blase (bedingt durch die Operation). Wurde eine Bestrahlung durchgeführt, können häufiger Harnblasenentzündungen oder Probleme mit dem Darm auftreten. Werden bei Frauen, die noch nicht in den Wechseljahren sind, die Eierstöcke mit entfernt, kommt es zum vorzeitigen Klimakterium.
Gebärmutter-körperkrebs	Ähnliche Folgen wie beim Gebärmutterhalskrebs (allerdings meist in etwas schwächerer Form). Außerdem treten häufig Probleme auf, die nicht direkt im Zusammenhang mit dem Tumor stehen, die aber eine Genesung vom Krebsleiden erschweren, zum Beispiel Diabetes, Bluthochdruck oder Übergewicht.
Eierstockkrebs	Störungen der Darmtätigkeit. Nach Strahlentherapie: Nervenentzündung (heilt aber meist nach ein, zwei Jahren von selbst aus). Bei Frauen, die noch nicht in den Wechseljahren sind: Wegen der Entfernung der Eierstöcke werden keine Östrogene (weibliche Geschlechtshormone) mehr produziert. Es kommt zum vorzeitigen Eintritt in die Wechseljahre (Klimakterium).

Zugegeben, diese Tabelle bietet starken Tobak. Aber: Die hier aufgeführten Folgen der Behandlung treten bei weitem nicht bei allen Frauen auf. Das unter »Brustkrebs« erwähnte Lymphödem bekommen zum Beispiel fünf bis zehn Prozent der Operierten. Es ist aber wichtig zu wissen, welche Folgen eine Therapie möglicherweise haben kann. Werden die rechtzeitig erkannt, lassen sie sich meist gut behandeln.

Nachsorge – wie oft?

Am Beispiel des Brustkrebses zeigen wir Ihnen die »neuen« Nachsorgerichtlinien, die weniger Einsatz von Medizintechnik bedeuten. Sie gelten für Patientinnen, bei denen es keine auffälligen Befunde gibt.

Nachsorge

Jahre nach Ersttherapie	1 2 3	4 5	6 und weitere
Befragung der Patientin, um ihrem Befinden sowie möglichen Krankheitsanzeichen auf die Spur zu kommen. (Anamnese)	alle 3 Monate	alle 6 Monate	alle 12 Monate
körperliche Untersuchung	alle 3 Monate	alle 6 Monate	alle 12 Monate
Information der Patientin	alle 3 Monate	alle 6 Monate	alle 12 Monate
Selbstuntersuchung durch die Patientin	monatlich	monatlich	monatlich
technische Untersuchungen einschließlich Labordiagnostik und Tumormarker (Ausnahme: Mammographie)	nur bei ungewöhnlichen Veränderungen	nur bei ungewöhnlichen Veränderungen	nur bei ungewöhnlichen Veränderungen

Mammographie

Jahre nach Ersttherapie	1 2 3	4 und weitere
nach einer brusterhaltenden Operation behandelte Brust	alle 6 Monate	alle 12 Monate
unbehandelte Brust	alle 12 Monate	alle 12 Monate
nach Entfernung einer Brust	alle 12 Monate	
unbehandelte Brust	alle 12 Monate	

Nach: Presseservice 7/97 der Firma Organon, aus *Geburtshilfe und Frauenheilkunde* 56/1996, Georg Thieme Verlag

Reha-Kuren

»Wenn man auf seinen Körper achtet, geht es auch dem Kopf besser.«
(Jil Sander, Modeschöpferin)

Eine Rehabilitationskur soll der genesenden Krebspatientin helfen, sich von der Operation oder auch nach Strahlen- oder Chemotherapien zu erholen. Die Ärzte und Therapeuten in den Rehakliniken wollen mit ihren Behandlungen dazu beitragen, dass negative Folgen der Eingriffe besser verkraftet werden.
Es gibt zwei Formen von Kuren: die Anschlussheilbehandlung sowie die Nach- und Festigungskuren. Die Anschlussheilbehandlung folgt meist relativ rasch auf die Ersttherapie im Krankenhaus. In der Klinik durchgeführte Behandlungen können häufig während dieser Rehamaßnahme fortgesetzt werden. Nach- und Festigungskuren haben das Ziel, die Gesundheit der genesenden Patientin allgemein zu stabilisieren. Bis eine Nach- und Festigungskur genehmigt wird, kann ein längerer Zeitraum vergehen, meist mehrere Monate.
Beide Maßnahmen, die Anschlussheilbehandlung sowie auch die Nach- und Festigungskur, bieten Unterstützung bei der Bewältigung der Krankheit. Dafür setzen die Kliniken unterschiedliche Programme ein. Entspannungstherapien, körperorientierte Verfahren, Einzel- und Gruppengespräche, häufig auch Kreativ-Übungen wie Malen und Musiktherapie zählen dazu. Außerdem können Sie meist unter unterschiedlichen Maßnahmen wählen, die Körper und Seele gut tun, zum Beispiel Balneo- (Bade-) Therapie, Massagen, Gymnastik, Atemübungen. Häufig werden auch körperliche Leistungstests gemacht. Mit ihrer Hilfe wird ermittelt, in welchen Bereichen Sie Nachholbedarf haben. Mit gezielten Übungen soll dann Ihre Leistungsfähigkeit gesteigert werden. Die Sport- und Bewegungsprogramme, die in der Rehaklinik für Sie ausgewählt werden, können Ihnen Anregungen geben für Sportarten, mit deren Hilfe Sie später, wenn Sie wieder zu Hause sind, endgültig fit werden können.
Normalerweise können Sie nach der Ersttherapie drei Nach- und Festigungskuren innerhalb von drei Jahren machen. Es ist sinnvoll,

die erste gleich in dem Jahr durchzuführen, in dem die Erstbehandlung stattgefunden hat.
Die Kuren dauern drei oder vier Wochen. Falls es erforderlich sein sollte, können sie vom Chefarzt der Rehabilitationsklinik verlängert werden. »Sie sind Kann-Leistungen der Versicherungen. Die Zuständigkeit des Versicherungsträgers (ob Bundesversicherungsanstalt für Angestellte oder Landesversicherungsanstalt) richtet sich nach der letzten Beitragszahlung«, schreibt die »Frauenselbsthilfe nach Krebs« in ihren »Sozialen Informationen 1997«. »Nach- und Festigungskuren werden gewährt für Versicherte, Rentner, Ehegatten, Hinterbliebene nach Krebs.« (Hinterbliebene von Versicherten, die an Krebs erkrankt sind.)
Für Beamte, Ehefrauen von Beamten und Beamtenwitwen gelten diese Regelungen nicht. Sie können in beihilfefähigen Sanatorien betreut werden. Die Kosten dafür übernimmt die Krankenkasse oder die Beihilfskasse. Auskünfte erteilt die Krankenkasse.
Wenn Sie eine Nach- und Festigungskur machen möchten, müssen Sie zunächst einen Antrag stellen. Die »Frauenselbsthilfe nach Krebs« gibt dazu folgende Informationen: »Das erforderliche Formular ›Antrag auf Leistungen zur Rehabilitation‹ ist bei der Krankenkasse, den zuständigen Dienststellen der Versicherungsanstalten oder direkt bei der Versicherungsanstalt erhältlich. Den Hausarzt um Ausstellung eines kostenfreien Attestes bitten. Danach den ausgefüllten Antrag mit Attest der Krankenkasse zur Bestätigung der versicherungsrechtlichen Voraussetzungen vorlegen. Das ausgefüllte Antragsformular kann aber auch direkt bei der Versicherungsanstalt eingereicht werden. Von dort werden dann die notwendigen ärztlichen Unterlagen angefordert.«
Den Antrag für die »Stationäre Anschlussheilbehandlung« stellt der behandelnde Arzt, während Sie noch zur Ersttherapie im Krankenhaus sind, wenn die Ärzte dort der Meinung sind, dass so eine Maßnahme sinnvoll für Ihre Genesung ist.
Bei Nach- und Festigungskuren können Ihnen pro Reha-Woche zwei Urlaubstage angerechnet werden. Diese Regelung gilt nicht für die stationäre Anschlussheilbehandlung nach einem Krankenhausaufenthalt. Bei Rehabilitationskuren, die von den Rentenversicherern durchgeführt werden, müssen Sie in Westdeutschland zurzeit 25 Mark pro Tag dazuzahlen, im Osten 20 Mark. Für Anschluss-

heilbehandlungen liegt der Eigenanteil pro Tag in Westdeutschland bei 12 Mark und im Osten bei 9 Mark. Bei geringem Einkommen entfällt die Zuzahlung, beziehungsweise sie wird reduziert.

Sollten Sie Probleme beim Ausfüllen eines Reha-Antrages haben, bekommen Sie Hilfe beim Sozialdienst im Krankenhaus, bei einer ambulanten Beratungsstelle oder einem Selbsthilfeverband.

Die einzelnen Bundesländer haben Verträge mit Reha-Institutionen abgeschlossen. Das heißt: Für Sie kommen die Kliniken in Frage, mit denen Ihr Bundesland kooperiert. Manchmal ist es bei Antragstellung möglich, Institutionen aufzuführen, in die Sie gerne gehen würden.

Die Angaben über die Zuzahlung sowie über die Anrechnung von Urlaubstagen sowie zur Dauer der Kur beziehen sich auf den Stand von 1997 nach Inkrafttreten der III. Stufe der Gesundheitsreform. Durch neue Verordnungen kann es zu Änderungen kommen.

Selbsthilfe

> »Zwei können dreimal soviel tragen wie einer.«
> (aus dem Talmud)

Die **Deutsche Arbeitsgemeinschaft Selbsthilfegruppen** beschreibt die Ziele derartiger Organisationen im »Orientierungsrahmen zur Selbsthilfegruppen-Unterstützung« wie folgt: »Selbsthilfegruppen sind freiwillige, meist lose Zusammenschlüsse von Menschen, deren Aktivitäten sich auf die gemeinsame Bewältigung von Krankheiten, psychischen oder sozialen Problemen richten, von denen sie – entweder selber oder als Angehörige – betroffen sind. Sie wollen mit ihrer Arbeit keinen Gewinn erwirtschaften. Ihr Ziel ist eine Veränderung ihrer persönlichen Lebensumstände und häufig auch ein Hineinwirken in ihr soziales und politisches Umfeld. In der regelmäßigen, oft wöchentlichen Gruppenarbeit betonen sie Authentizität, Gleichberechtigung, gemeinsames Gespräch und gegenseitige Hilfe. Die Gruppe ist dabei ein Mittel, die äußere (soziale, gesellschaftliche) und die innere (persönliche, seelische) Isolation aufzuheben. Die Ziele von Selbsthilfegruppen richten sich vor allem auf ihre Mitglieder und nicht auf Außenstehende; darin unterscheiden sie sich von anderen Formen des Bürgerengagements. Selbsthilfegruppen werden nicht von professionellen Helfern geleitet; manche ziehen jedoch gelegentlich Experten zu bestimmten Fragestellungen hinzu.«

Für Sie als genesende Krebspatientin kann die Unterstützung durch eine Selbsthilfegruppe ganz wichtig sein auf Ihrem Weg zur Heilung. Sind Sie einige Monate nach der Ersttherapie einigermaßen wiederhergestellt, nehmen Ihre Mitmenschen oft an, dass nun alles weiterlaufen wird wie früher. Die inneren Wunden sind aber lange noch nicht verheilt. So wurde während des Kongresses »FrauenLeben und Krebs« das Schicksal einer ehemaligen Krebspatientin geschildert, die – obwohl sie schon seit vielen Jahren als geheilt gilt –

immer noch Alpträume hat, in denen sie ihrer Krankheit wieder begegnet. Wer so etwas nicht am eigenen Leib erlebt hat, kann sich kaum in derartige Situationen hineinversetzen.
Personen, die ebenfalls Betroffene waren – oder es noch sind –, können das sehr wohl. So sagte auf einer Tagung der Deutschen Gesellschaft für Senologie (Lehre von den Erkrankungen der Brustdrüse) die Vertreterin einer Selbsthilfegruppe: »Die Patientin fällt zunächst in ein tiefes Loch. Aus dem müssen wir sie wieder herausholen.« Manchmal kann die genesende Krebspatientin das zwar auch aus eigener Kraft. Wenn ihr aber ebenfalls Betroffene Tipps und Hilfen an die Hand geben, wird sie dabei oft erfolgreicher sein und sich nicht so allein gelassen fühlen mit ihren Ängsten, Sorgen, Fragen und Befürchtungen.
Inzwischen gibt es in ganz Deutschland eine Reihe von Selbsthilfegruppen für Krebspatienten, so zum Beispiel bei Krebs der Bauchspeicheldrüse oder bei Leukämie (deren Anschriften finden Sie im Adressenteil ab Seite 90). Der genesenden Krebspatientin kann besonders die »Frauenselbsthilfe nach Krebs« zur Seite stehen. Deren Ziele haben wir hier für Sie zusammengefasst:

Das 5-Punkte-Programm der »Frauenselbsthilfe nach Krebs«

1. Wir wollen
   Krebskranke seelisch begleiten.
   Sie können unter anderem
   – ihren Kummer in vertraulichen Gesprächen abladen.
   – mit Leidensgefährten sprechen.
   – in der Gruppe neue Freunde finden.
   – Hoffnung schöpfen.
   – lernen, mit Krebs zu leben.
   – anderen Krebskranken ein Beispiel sein.
   – anderen Krebskranken helfen.

2. Wir wollen
   die Angst vor weiteren Untersuchungen und Behandlungen überwinden helfen.

Sie können unter anderem
- bei Gruppentreffen mit Ärzten und Therapeuten reden.
- sich aus der Gruppe und im Krankenhaus besuchen lassen.
- sich anrufen lassen oder selbst zum Hörer greifen.
- Hoffnung vermitteln durch Weitergabe von persönlichen Erfahrungen.

3. Wir wollen
Tipps zur Stärkung der Widerstandskraft geben.
Sie können unter anderem
- von uns Tipps zur gesunden Ernährung bekommen.
- bei Gruppentreffen mit Ernährungsberatern reden.
- in der Gruppe Gymnastik machen.
- mit der Gruppe schwimmen gehen.
- Hilfe zur Selbsthilfe geben.

4. Wir wollen
die Lebensqualität verbessern helfen.
Sie können unter anderem
- mit der Gruppe malen.
- mit der Gruppe basteln.
- mit der Gruppe wandern.
- mit der Gruppe Konzerte besuchen.
- mit der Gruppe Yoga machen.
- mit der Gruppe Autogenes Training machen.
- mit der Gruppe schwatzen.
- mit der Gruppe tanzen.
- mit der Gruppe Ausflüge machen.

5. Wir wollen über soziale Hilfen, Versicherungs- und Schwerbehindertenrecht informieren.
Sie können unter anderem erfahren:
- Steht mir eine Kur zu?
- Steht mir Wohngeld zu?
- Habe ich Kündigungsschutz?
- Was übernimmt die Krankenkasse?
- Welche Rente gilt für mich?
- Welche sozialen Hilfen gibt es?

Das hauptsächliche Ziel der Selbsthilfegruppen formuliert Susi Gaillard von der Kontaktstelle »Leben wie zuvor« vom Schweizer Verein für Frauen nach Brustkrebs so: »Wir wollen aufzeigen, dass eine Frau trotz Brustkrebs ein normales Leben führen kann.« Den Weg ins »normale« Leben kann sich eine genesende Patientin zum Beispiel ebnen, indem sie sich in der ersten Zeit nach der Diagnose und der Behandlung durch die Selbsthilfegruppe betreuen lässt. Eine Vertreterin der Gruppe besucht Sie oder berät Sie am Telefon. Die kompetente Betreuung durch die Gruppe kann Ihnen helfen, besser mit den Problemen zu Hause oder mit dem Wiedereinstieg in den Beruf zurechtkommen.

Später, wenn Sie sich wieder kräftiger fühlen, können Sie neu erkrankte Frauen betreuen – im Rahmen von Modellen wie »Patientinnen helfen Patientinnen«. Über ein derartiges Projekt wurde auf dem schon erwähnten Senologie-Kongress berichtet: Ehemalige Patientinnen, darunter auch Ärztinnen, die zum Teil schon seit zehn Jahren geheilt sind, kümmern sich um neu Erkrankte. Diese Fürsorge beginnt schon gleich nach der Diagnose. Die Unterstützung durch ebenfalls von der Krankheit Betroffene kann manchmal wichtiger sein als die durch Profis. Professor Dr. Dietrich von Fournier, Heidelberg: »Ehemalige Patientinnen, die andere Patientinnen beraten, besitzen eine hohe Glaubwürdigkeit. Denen wird vertraut.«

Anderen zu helfen, lenkt von den eigenen Sorgen ab, stärkt das Selbstbewusstsein (wenn Sie Erfolge sehen bei der Beratung), verhindert den Rückzug ins Schneckenhaus und stärkt die Kraft einer Gruppe. Das Image der Krebserkrankung zu verbessern (und damit auch die eigene Einstellung zum Krebs zu beeinflussen), das ist nur möglich, wenn viele auf dieses Ziel hinarbeiten. Wie schon gesagt: Die Amerikaner machen uns vor, wie das geht. Krebs wird dort nach und nach zu einer »normalen« Krankheit, mit der man leben kann. Betroffene schließen sich zusammen, kämpfen für ihre Rechte, für bessere Behandlungen, für mehr Forschungsgelder.

Bewirkt haben diese Richtungsänderung zum großen Teil die Frauen, die in den 40er und 50er Jahren geboren wurden. Frauen dieser Generation hatten bessere Entwicklungs- und Ausbildungschancen als ihre Mütter und Großmütter. Auch bei uns beginnt – allerdings zögernder – ein Umdenken. Diese selbstbewussten, gut informierten Frauen leiden nicht mehr – wie ihre Mütter es noch ta-

Selbsthilfe **41**

ten – im stillen Kämmerlein. Auch dann nicht, wenn sie Krebs bekommen. Früher gingen die Frauen oft zum nächsten Doktor um die Ecke und ließen sich möglichst unauffällig behandeln. Es sollte niemand erfahren, worunter sie litten. Das war oft ein verhängnisvoller Schritt, denn ob eine Operation erfolgreich ist, hängt häufig auch von der Erfahrung der Ärzte ab, die sie durchführen.
Heute informieren die Frauen sich über die besten Therapien, über Maßnahmen für die Nachbehandlung. Sie wollen wissen: Wie schaffe ich es, den Kopf nicht hängen zu lassen? Selbsthilfegruppen verfügen über die Informationen, die Sie suchen. Sie können Ihnen sagen, wo Sie glaubwürdige Hinweise bekommen. So hat die »Frauenselbsthilfe nach Krebs« zum Beispiel einen Kooperationsvertrag mit dem VdK Deutschland abgeschlossen und kann eine Rechtsberatung durch Experten der Geschäftsstellen des VdK anbieten.
Viele Ärzte und Wissenschaftler sahen Selbsthilfegruppen bisher als lästiges Übel an. Eine Krebserkrankung war ihrer Meinung nach Sache der Experten, nicht der Laien. Inzwischen denken viele von ihnen um und erkennen die Vorteile, die die Beratung von Betroffenen für Betroffene bringen kann.
Möchten Sie sich zwar beraten lassen bei der Bewältigung der Krankheit, wollen aber nicht Mitglied einer Selbsthilfegruppe werden, können Sie natürlich auch die Hilfe von Profis in Anspruch nehmen. Zum Beispiel bietet die Deutsche Krebsgesellschaft bundesweit psychosoziale Beratungen an. Anschriften von Institutionen, die Ihnen auf professioneller Basis weiterhelfen, finden Sie im Adressenverzeichnis ab Seite 90. Auch eine Reihe von Kliniken offeriert während der Therapie oder im Anschluss an die Behandlung psychosoziale Unterstützung, so bietet zum Beispiel die Universitätsklinik Göttingen eine Informationsbörse für Patienten an, die Charité in Berlin Psychodienste, die Universitätsklinik in Essen eine Gesprächsrunde. Erkundigen Sie sich in der Klinik, in der Sie betreut werden, nach derartigen Angeboten. Sollte diese selbst keine unterstützenden Maßnahmen anbieten, so kann man Ihnen sagen, wo Sie Hilfe bekommen.

Zurück in den Beruf

»Je besser jemand informiert ist, desto eher ist
er in der Lage, sein Verhalten auf die
gewünschten Ziele einzustellen.«
(Dr. Elisabeth Pott, Leiterin der Bundeszentrale für gesundheitliche Aufklärung)

Wie weit sich Ihre Genesung mit Ihrem Beruf vereinbaren lässt, hängt davon ab, wie Sie sich fühlen. Wenn es Ihnen gut geht und Sie wieder arbeiten möchten, gibt es nach Auffassung der Deutschen Krebsgesellschaft keinen Grund, es nicht zu tun. Häufig befürchten genesende Krebspatientinnen, dass eine Rückkehr in den Beruf sich negativ auf ihre Gesundheit auswirken könnte. »Es gibt keinen Hinweis, dass Arbeit das Risiko einer Wiedererkrankung beeinflussen kann«, schreibt Professor Hermann Delbrück von der Tumornachsorge- und Rehabilitationsklinik Bergisch Land in der Fachzeitschrift Versicherungsmedizin. Im Gegenteil: Es gibt Anhaltspunkte dafür, dass eine vorzeitige Berentung oder eine Invalidität für viele Patienten eine Minderung ihrer Lebensqualität bedeutet.
Wichtig für die Rückkehr in den Beruf ist, dass Sie gesundheitlich gut gerüstet sind. Eine Rehabilitationskur kann Ihnen helfen, körperlich und seelisch gefestigter an den Arbeitsplatz zurückzukehren. Im Allgemeinen gilt: Frauen, bei denen die Krankheit in einem frühen Stadium erkannt wurde, sollten möglichst wieder arbeiten. Auch in späteren Stadien spricht nichts gegen eine Rückkehr in den Job, solange Sie sich den Anforderungen gewachsen fühlen und die Ärzte nichts gegen eine Berufstätigkeit einzuwenden haben.
Einschränkungen gibt es häufig bei körperlich anstrengenden Tätigkeiten. Nach einer Brustkrebsoperation darf der Arm auf der behandelten Seite nicht zu stark belastet werden. Wird er überanstrengt, kann sich ein Lymphödem entwickeln. Nach einer Operation wegen Gebärmutterhals-, Gebärmutterkörper- oder Eierstockkrebs kann das Heben von Lasten zum Problem werden. Aber nicht nur die Frage, ob die körperliche Belastung verkraftet

werden kann, spielt bei der Rückkehr in den Beruf eine Rolle. Viele genesende Krebspatientinnen befürchten, dass ihre Vorgesetzten und Kollegen sich anders verhalten als früher. Dass man sie entweder mit Mitleid überhäuft oder ihnen nichts mehr zutraut. Aber gerade in diesem Bereich setzt bereits ein Umdenken ein. Auch bei uns sind inzwischen viele – auch jüngere – Frauen nach der Erstbehandlung als geheilt anzusehen und kehren in ihre Jobs zurück. Das ist die Folge der verbesserten Heilungsraten. Früher bedeutete eine Krebserkrankung häufig das Ende der Berufstätigkeit. Das sieht heute ganz anders aus, und da in fast jeder größeren Firma positive Beispiele zu beobachten sind und Betroffene genauso gut arbeiten wie zuvor, ändert sich auch die Einstellung von Vorgesetzten und Kollegen gegenüber den »Genesenden«.

Wenn Sie trotzdem nicht über Ihre Erkrankung reden möchten, müssen Sie es auch nicht. Sie müssen am Arbeitsplatz nicht sagen, dass Sie Krebs haben, und auch wenn Sie krankgeschrieben werden, erfährt der Arbeitgeber nicht den Grund.

Dass genesende Krebspatientinnen generell weniger leistungsfähig seien, ist ein Vorurteil, das die vielen aktiv im Berufsleben stehenden ehemaligen Kranken nach und nach widerlegen. Viele sind nach einer Erholungsphase und nach einer Reha-Kur genauso fit wie andere Berufstätige.

Gerade in der ersten Zeit nach Feststellung der Krankheit kann aber ein voller Arbeitstag doch sehr anstrengend sein. Daher empfiehlt die Deutsche Krebsgesellschaft in ihrem Ratgeber für Frauen mit Unterleibskrebs: »Es kann Ihnen helfen, mit Ihrem Arbeitgeber zu reden, wenn Ihnen der normale Arbeitstag zu anstrengend ist. Vielleicht ist es zum Beispiel möglich, für eine Weile Teilzeit zu arbeiten. So können Sie möglicherweise die Zeit der Krebstherapie besser verkraften, ohne auf Ihren Beruf verzichten zu müssen.«

Falls Sie noch Zeit benötigen für die Rückkehr ins Arbeitsleben, gibt es die Möglichkeit, stufenweise wieder ins Berufsleben einzusteigen. Voraussetzung: Ihr Arbeitgeber und Ihre Krankenkasse müssen sich einig sein, dass so eine Maßnahme sinnvoll ist. Der Arbeitgeber und die Kasse teilen sich die Kosten für Ihr Gehalt und für das Krankengeld. Die Teilzeitregelung erstreckt sich normalerweise über drei Monate. Nach dieser Zeit wissen Sie meist, ob Sie wieder voll in den Beruf einsteigen wollen.

Berater vom Arbeitsamt helfen Ihnen, wenn es für Sie zum Beispiel günstiger wäre, in Ihrem Betrieb an einem anderen Arbeitsplatz eingesetzt zu werden. Das kann der Fall sein, wenn bestimmte körperliche Belastungen nicht mehr möglich sind. Wenn Sie an Ihrem Arbeitsplatz besondere Hilfen benötigen, kümmern sich die Berater des Arbeitsamtes ebenfalls darum.

In Ihre Firma zurückzukehren, hat durchaus Vorteile. Soziale Kontakte sind wichtig. Sobald Sie zu Hause sitzen, ist die Gefahr groß, dass Sie sich isolieren und zu viel grübeln. Am Arbeitsplatz sind Sie mit Ihnen vertrauten Kollegen zusammen. Und wer im Job was um die Ohren hat, dem bleibt keine Zeit für übertriebenes Grübeln. Wenn Sie Erfolge im Job haben, stärkt das Ihr Selbstbewusstsein. Wer selbstbewusst ist, kann besser mit Ängsten fertig werden, die die genesende Patientin ja häufig quälen. Außerdem hilft es sehr, wenn Kolleginnen und Kollegen Ihnen zeigen, dass sie zu Ihnen stehen und Ihnen helfen wollen.

Trotz aller Unterstützung, die Sie im Job erfahren, ist es sinnvoll, sich zur Sicherung des Arbeitsplatzes einen Schwerbehindertenausweis ausstellen zu lassen (lesen Sie dazu Seite 57f.). Man weiß nie, ob zum Beispiel bei Rationalisierungen oder Umstrukturierungen nicht plötzlich ein anderer Wind weht.

Sollte eine Rückkehr in den Beruf nicht möglich sein, so kann eine Rente Ihnen helfen, die finanziellen Verluste zumindest teilweise auszugleichen. Hier kommen unterschiedliche Arten von Rente in Frage: die Rente wegen Berufsunfähigkeit oder die wegen Erwerbsunfähigkeit. Voraussetzung für die Gewährung einer Rente: Sie müssen für eine bestimmte Zeit Beiträge in die Rentenkasse eingezahlt haben. Auskünfte darüber erteilt Ihnen die Rentenversicherung oder das Versicherungsamt Ihrer Gemeinde.

Die Rente wegen Berufsunfähigkeit wird erteilt, wenn Gutachter bestätigen, dass die Leistungsfähigkeit eines Versicherten durch seine Krankheit so stark eingeschränkt ist, dass er weniger als die Hälfte dessen verdienen kann, was ein Gesunder mit ähnlicher Ausbildung bekommt. Sie ist eine Teilrente und beträgt Zweidrittel der Erwerbsunfähigkeitsrente. Häufig ist, um über die Runden zu kommen, eine – wenn auch reduzierte – Berufstätigkeit erforderlich. Bezieher dieser Rente dürfen zurzeit jeden Monat 610 Mark (im Westen Deutschlands) oder 520 Mark (im Osten) hinzu verdienen.

Eine Rente wegen Erwerbsunfähigkeit wird gezahlt, wenn anzunehmen ist, dass eine Patientin bedingt durch ihre Krankheit in absehbarer Zeit nicht in der Lage sein wird, ihrer bisherigen (oder einer vergleichbaren) Tätigkeit nachzugehen. Auskünfte über die Möglichkeit, zur Rente etwas hinzu zu verdienen, erteilen die Beratungsstellen der BfA oder der LVA.
Eine Rente wird nur unter der Voraussetzung gewährt, dass vorhergehende Maßnahmen, wie z.b. eine Rehabilitationskur, nicht den gewünschten Erfolg gebracht haben. Besteht die Chance, dass Versicherte unter Umständen in absehbarer Zeit doch wieder arbeiten können, gibt es die Möglichkeit, eine Rente auf Zeit zu beziehen.
Häufig wird empfohlen, nicht gleich nach der Ersttherapie eine Rente zu beantragen, sondern zunächst Krankengeld zu beziehen. Sind Sie wegen Ihrer Krebserkrankung arbeitsunfähig, bekommen Sie innerhalb eines Zeitraumes von drei Jahren für 78 Wochen Krankengeld. Hier wird allerdings die Zeit mitgerechnet, in der Ihr Arbeitgeber Ihnen während Ihrer Erkrankung Gehalt oder Lohn gezahlt hat.
Bevor Sie sich entschließen, vorübergehend Rente zu beziehen, sollten Sie überlegen: Wenn Sie erstmal Ihren Arbeitsplatz aufgegeben haben, ist die Rückkehr in den Beruf später oft sehr schwer. Deshalb wird häufig empfohlen, zunächst einige Monate abzuwarten, bevor eine Rente beantragt wird. Oft sieht die Welt nach einiger Zeit schon wieder ganz anders aus: Die unmittelbaren Folgen der ersten Behandlung sind überstanden, Ihr Körper hat sich relativ gut erholt, Sie fühlen sich leistungsfähig. Das alles hätten Sie sich vor einigen Monaten nicht mal in Ihren Wunschträumen erhofft.
Erholen Sie sich nicht so gut und entschließen sich, nun doch einen Rentenantrag zu stellen, sollten Sie wissen: Ist der nach dem Ende der Krankengeldzahlung noch nicht bewilligt worden, können Sie beim Arbeitsamt einen Antrag auf Überbrückungshilfe stellen. Die wird gezahlt, bis über Ihre Rente befunden worden ist – und später auf die Rente angerechnet.

Richtig essen, um die Abwehr zu stärken

*»Deine Nahrungsmittel seien Deine Heilmittel
und Deine Heilmittel seien
Deine Nahrungsmittel.«*
(Hippokrates)

Als genesende Krebspatientin werden Sie Ihrem Körper Gutes tun wollen. Sie möchten ihm durch die Auswahl der richtigen Speisen helfen, nach der Behandlung wieder zu Kräften zu kommen. Sie werden die Erfahrung nutzen wollen, dass gesunde Lebensmittel wichtig sind, damit die körpereigene Abwehr, das Immunsystem, gut arbeiten kann. Es versucht, Erreger von Krankheiten in Schach zu halten – und dass es dabei so erfolgreich wie möglich arbeitet, ist für Genesende sehr wichtig. Ein gut funktionierendes Immunsystem kann helfen, eine Rückkehr der Krankheit, ein Rezidiv, zu verhindern. Dass Sie durch eine gesunde Ernährung die Folgen der anstrengenden Krebstherapien besser verkraften, ist ein anderer wichtiger Punkt, der für einen möglichst sinnvoll zusammengesetzten Speiseplan spricht.

Vielleicht spielen Sie sogar mit dem Gedanken, eine regelrechte Krebsdiät zu machen. Es werden ja ständig neue Krebsdiäten angepriesen oder alte wieder aufgewärmt. Mit gesunder, sinnvoll zusammengestellter Ernährung können Sie Ihrem Körper wirklich eine wichtige Hilfe auf dem Wege zur Heilung geben. Eine Krebsdiät kann Ihnen aber auch Schaden zufügen: »Diät« – das bedeutet nämlich häufig, dass bestimmte Gruppen der Nahrungsmittel auf dem Speiseplan fehlen, die sehr wichtig sind für eine rundum gesunde Ernährung. Es geht hier nicht um ein- bis zweiwöchige »Zwischendurch-Diäten«, sondern um langfristige Ernährungsumstellungen. Dabei kann es im schlimmsten Falle zu einer Mangel- oder Fehlernährung kommen. Für Sie als genesende Krebspatientin ist es jedoch ganz entscheidend, dass Sie sich möglichst vielseitig ernähren. Dadurch kann Ihr Körper sich am besten mit der Krankheit auseinander setzen oder – falls Sie geheilt sind – die Folgen der Erkrankung besser verkraften.

Eine Diät hat aber häufig zur Folge, dass Ihnen wichtige Nährstoffe fehlen. Sie finden hier Kurzinformationen zu einigen häufig propagierten Krebsdiäten mit Hinweisen auf ihre Schwachstellen und mögliche Nutzen.

Anthroposophische Ernährungslehre

Was wird empfohlen?
Der weit gehende Verzicht auf stark bearbeitete, »tote«, Lebensmittel. Empfohlen werden hauptsächlich Lebensmittel, die nicht industriell aufbereitet worden sind, sondern im naturbelassenen Zustand auf den Tisch kommen. Das können sein: Obst, Gemüse, Vollkornprodukte, Eier, Milch. Fleisch und Wurst sollen möglichst nicht gegessen werden, ebenso keine Nachtschattengewächse wie Kartoffeln oder Tomaten.

Was ist davon zu halten?
Gegen diese Ernährungsform spricht im Prinzip nichts. Sie wird aber meist als Teil des Anthroposophie-Konzeptes von Rudolf Steiner in Verbindung mit anderen anthroposophischen Heilmethoden angewandt. Diese wiederum können problematisch sein. Es werden zum Beispiel bestimmte Medikamente (wie etwa Quecksilber) verabreicht, deren Ungefährlichkeit nicht bewiesen ist.

Makrobiotische Ernährung

Was wird empfohlen?
Diese Ernährung besteht zunächst hauptsächlich aus Vollkorngetreide, pflanzlichen Produkten möglichst einheimischer Herkunft sowie aus kleinen Mengen an Fisch. Es wird viel Salz verwendet. Milch, Fleisch und Kaffee zum Beispiel sind verboten. Im Laufe der Diät wird die Ernährung in insgesamt 10 Schritten immer mehr auf Getreideprodukte umgestellt, pflanzliche Produkte und Fisch werden weiter reduziert.

Was ist davon zu halten?
Nur zu Beginn der Diät kommt es zu einer vollwertigen Ernährung. Bei späteren Diätstufen, wenn nur noch hauptsächlich Getreide gegessen wird, droht ein Mangel an lebenswichtigen Vitaminen wie A, C, D und B_{12}, sowie an Calcium und Eisen. Außerdem können die geringe Menge von Flüssigkeit und der hohe Salzverzehr gefährlich werden.

Moerman-Diät

Was wird empfohlen?
Diese Ernährungsform basiert auf Erfahrungen, die der holländische Arzt Moerman in den 30er Jahren mit Brieftauben gemacht hat. Er verabreichte den Tieren Vitamin A, C, E, den gesamten Vitamin-B-Komplex, Eisen, Jod, Schwefel und Zitronensäure. Die Tauben bekamen bei dieser Ernährung seinen Erkenntnissen nach keinen Krebs. Moerman entwickelte dieses Konzept weiter und wollte ein Rezept für die Behandlung Krebskranker gefunden haben. Die Patienten müssen auf eine Reihe von Nahrungsmitteln verzichten, so zum Beispiel auf Eiweiß, Kartoffeln, Datteln, süße Trauben, Zucker, Mehl, Fleisch, Fisch, Kaffee, tierische Fette und Salz.

Was ist davon zu halten?
Die Wirksamkeit der Moerman-Diät gilt als nicht bewiesen, es kommt allerdings zu keiner Mangelernährung.

Breuss-Diät (Rote-Bete-Kur)

Was wird empfohlen?
Es wird zu einer Fastenkur von 42 Tagen geraten. In dieser Zeit dürfen nur Gemüsesäfte getrunken werden, zum Beispiel Rote-Bete-, Sellerie-, Karotten-, Rettich- und Kartoffelsaft. Außerdem werden Kräutertees empfohlen.

Was ist davon zu halten?
Es kann zu einer Mangelernährung kommen, das Immunsystem des Körpers kann geschwächt werden.

Krebsdiät nach Gerson

Was wird empfohlen?
Keine tierischen Lebensmittel essen, auf tierische Fette verzichten, außerdem z.B. auf Tee, Alkohol, Wasser, Kakao, Weißmehl, weißen Zucker, Nüsse, Pilze, Lebensmittel aus Konserven, Soja, Salz. Es wird empfohlen, täglich Jod, Niacin (ein B-Vitamin), Kalium, Vitamin B_{12}, Kalbslebersaft und Verdauungsenzyme zu sich zu nehmen. Der Patient bekommt täglich mehrere Kaffee-Einläufe.

Was ist davon zu halten?
Das National Cancer Institute in den USA hat die Diät geprüft und keine Wirksamkeit gegen Krebs feststellen können. Die eintönige und nicht gerade geschmackvolle Kost lädt häufig nicht zum Essen ein. Regelmäßige Einläufe sind nicht jedermanns Sache.

Welche Lebensmittel sind wichtig?

»Die optimale Ernährung von Krebspatienten zeichnet sich durch eine ausreichende Energie- und Nährstoffzufuhr aus«, schreibt die »Arbeitsgemeinschaft für Krebsbekämpfung im Lande Nordrhein-Westfalen« in der Broschüre »Ernährung bei Krebs«. Sie empfiehlt, die Kost solle leicht verdaulich und abwechslungsreich sein und alles enthalten, was der Körper täglich braucht.
Das bedeutet: Essen Sie viel Gemüse, Kartoffeln und Vollreis. Verzichten Sie weitgehend auf Fleisch, Butter, Schmalz, fettreiche Wurst (z.B. Teewurst, Leberwurst, Cervelatwurst) sowie fettreichen Käse (dazu zählen alle Vollfett- und Rahmfrisch-Sorten), Cremetorten, Zucker, Alkohol, Salz.
Achten Sie auf eine gute Versorgung mit Vitaminen, Mineralstoffen und Spurenelementen, die besonders in Obst, Gemüse, Vollkorngetreideprodukten, Milch und Seefisch enthalten sind.

Einige Zeit wurde Krebspatienten empfohlen, Vitamine in Form von Pillen in möglichst hohen Dosierungen zu schlucken. Von dieser Empfehlung rücken einige Experten inzwischen ab. Hoch dosierte Vitamine können Nebenwirkungen haben. Zumindest die fettlöslichen Vitamine, wie zum Beispiel Vitamin A, können dem Körper in hoher Dosierung auch schaden. Deshalb sollte eine Zusatztherapie auf alle Fälle mit dem Arzt abgesprochen werden. Häufig aber kann ein sinnvoll zusammengestellter Speiseplan eine vitamin- und mineralstoffreiche Kost liefern, ohne dass Zusatzpräparate eingenommen werden müssen.

Die Ernährung sollte auch reich an Ballaststoffen sein, die zum Beispiel in Vollkornprodukten, Früchten, Salaten, Rohkost und Gemüse enthalten sind. Ballaststoffe fördern die Verdauung. Zusätzlich wird empfohlen, magere Milch und Milchprodukte auszuwählen und auf die fettarme Zubereitung der Speisen zu achten.

Oft wollen genesende Krebspatienten sich besonders gesund ernähren, ihr Körper macht ihnen aber einen Strich durch die Rechnung. Nebenwirkungen oder Spätfolgen einer Therapie mindern oft den Appetit oder erschweren die Verdauung. Die »Arbeitsgemeinschaft für Krebsbekämpfung Nordrhein-Westfalen« hat Ernährungsempfehlungen herausgegeben, die bei vielen Problemen sehr hilfreich sein können.

Ernährungsprobleme

Bei Abneigung gegen Fleisch und Wurstwaren (die ist oft Folge der Chemotherapie und äußert sich auch durch einen Metallgeschmack im Mund):

Ersetzen Sie Fleisch durch Fisch, Eier, Kefir und Joghurt.

Bei Durchfällen:
Essen Sie in dieser Zeit kein frisches Obst, keine blähenden Gemüse, keine Salate.

Bei Entzündungen der Mundschleimhaut und/oder der Speiseröhre:
Essen Sie die Speisen nicht zu heiß, verzichten Sie auf sehr salzige und stark gewürzte Speisen sowie auf Suppen, saures Obst und saures Gemüse.

Bei Erbrechen und Durchfällen:
Trinken Sie viel, um den Verlust an Flüssigkeit auszugleichen. Sonst kommt es nicht nur zur Austrocknung des Körpers, sondern es gehen auch Mineralstoffe verloren. Es wird empfohlen, pro Tag zweieinhalb bis drei Liter Flüssigkeit aufzunehmen.

Bei sehr starkem Gewichtsverlust, der durch normale Essensportionen nicht zu beheben ist:
Greifen Sie auf Zusatznahrung zurück. In besonders gravierenden Fällen muss eine so genannte »hochkalorische« Ernährung mit der Sonde erfolgen. Sonst können Sie »Astronautenkost« (aus der Apotheke) essen. Eine derartige Maßnahme müssen Sie mit dem Arzt absprechen.

Bei großer Appetitlosigkeit:
Setzen Sie sich vor dem Essen möglichst keinen Essensgerüchen aus, das heißt, lassen Sie sich Ihre Mahlzeiten von einer anderen Person zubereiten. Essen Sie kleinste Portionen (dafür sollten Sie dann aber mehr Mahlzeiten einplanen). Für die Zubereitung der Speisen sollten Kräuter verwendet werden, die den Appetit ankurbeln, zum Beispiel Kerbel und Bohnenkraut.

Bei Beschwerden beim Kauen und beim Schlucken:
Essen Sie keine feste Nahrung, sondern möglichst breiige Kost, wie zum Beispiel Cremesuppen, Kartoffelbrei und kalorienhaltige Mixgetränke, denen Sie Sahne beifügen.

Bei trockenem Mund, Beschwerden beim Schlucken und vermindertem Speichelfluss:
Trinken Sie häufiger kleine Mengen Tee (zum Beispiel Pfefferminztee) oder Mineralwasser sowie Malzbier, Sauermilch und Kefir.

Wie Sie sehen, kann eine sinnvolle Zusammensetzung des Speiseplanes, der auf die Bedürfnisse des genesenden Krebspatienten abgestimmt ist, ihn auf seinem Wege zur Heilung unterstützen. Rezepte für komplette Gerichte und für Tages-Speisepläne bekommen Sie häufig von den Regionalverbänden der Selbsthilfegruppen. Sie reichen oft erprobte Rezepte weiter. Mit Hilfe von Büchern können Sie aber auch Ihre eigene Gesundheitsköchin werden, oder – falls es Ihnen nicht so gut gehen sollte, dass Sie selbst am Herd stehen können – Ihre Betreuer zu Experten machen. In der Literaturliste am Schluss des Buches finden sie Hinweise auf Bücher, die Ihnen dabei helfen können.

Was bringen alternative Therapien?

> »Medizin muss vom Menschen als Subjekt (und nicht von molekularbiologischen Teilen) ausgehen. Der Mensch lässt sich nicht nachträglich in die Heilkunde einführen.«
> (Thure von Uexküll)

»Was kann ich zusätzlich zur Standardbehandlung für meine Gesundheit tun?« Diese Frage stellt sich ein großer Teil der Patienten, nachdem die Erstbehandlung beendet und der Tumor hoffentlich besiegt ist. Da drängt sich dann der Gedanke an die Anwendung alternativer Heilmethoden geradezu auf – zum Teil auch, weil sie von vielen Institutionen unablässig propagiert werden. Das geschieht in der Regel nicht ganz ohne Eigennutz. Es geht hier um handfeste finanzielle Interessen.

Oft werden übertriebene Versprechungen gemacht – und zwar nicht nur auf dem Sektor »Heilung über seelische Beeinflussung«. Das geht zu Lasten der Patienten. Sie sind durch ihre Krankheit meist schon stark verunsichert. Nun wird ihnen auch noch suggeriert, dass es ihre Genesungschancen mindern könne, wenn sie nicht zusätzlich zur schulmedizinischen Behandlung möglichst viele Zusatztherapien durchführen. So werden die Patienten oft regelrecht unter Entscheidungsdruck gesetzt. Aber häufig ist es mit den Nachweisen für die Wirksamkeit derartiger Therapien nicht weit her. Studien basieren oft nur auf der Erprobung der Mittel an Tieren. Wenn ihre Wirksamkeit überhaupt an Menschen getestet wird, dann meistens an so wenigen Patienten, dass die Testergebnisse keine Beweiskraft haben. Erfolge von Behandlungsmethoden gelten erst dann als erwiesen, wenn sie an vielen Patienten gezeigt wurden und dabei im Vergleich zu anderen Heilmethoden oder auch zur Nichtbehandlung besser abschneiden.

Wenn Sie darüber nachdenken, eine alternative Methode auszuprobieren, dann ist eines ganz wichtig: Derartige Therapien sollten nur ergänzend zur schulmedizinischen Behandlung durchgeführt werden. Sie sollten sie auf keinen Fall ersetzen. Das heißt: An erster Stelle steht die klassische Behandlung durch die Operation und – falls erforderlich – durch Strahlen- und Chemotherapie. Erst danach können Sie – in Absprache mit Ihrem behandelnden Arzt – unter Umständen eine Zusatztherapie machen. Der Arzt sollte allein schon aus dem Grunde über ihr Vorhaben informiert sein, weil derartige Therapien Nebenwirkungen haben können. Eine Misteltherapie erzeugt zum Beispiel Fieber. Weiß Ihr Arzt nicht, dass Sie so eine Behandlung durchführen, kann er die erhöhte Temperatur für ein Krankheitszeichen halten.

Ausführliche Informationen über alternative Therapien erhalten Sie in der Broschüre der Deutschen Krebsgesellschaft: Alternative Behandlungsmethoden, zu bestellen bei der Deutschen Krebsgesellschaft e.V., Paul-Ehrlich-Straße 41, 60596 Frankfurt. Auch mein Buch Was können Mistel, Sauerstoff und Suggestion?, Alternative Krebstherapien (erschienen im Deutschen Taschenbuchverlag) informiert ausführlich über Zusatzbehandlungen. Außerdem gibt die »Frauenselbsthilfe nach Krebs« Tipps zu alternativen Therapien. Die Adresse finden Sie im Adressenverzeichnis am Schluss des Buches.

Hier finden Sie kurze Informationen zu einigen häufig empfohlenen Methoden:

Misteltherapie
Sie zählt zu den Behandlungsmethoden, die das Immunsystem stärken sollen. Die Mistel ist eine Schmarotzerpflanze, die auf Wirtsbäumen lebt. Die Pflanze enthält tatsächlich tumorhemmende Substanzen. Es sind vor allem die in der Pflanze enthaltenen Mistellektine. Diese Wirkstoffe kurbeln bestimmte Teile des Immunsystems an. Mistelpräparate werden gespritzt. Bei vielen Patienten verbessert sich während der Therapie das subjektive Wohlbefinden. Durch die Behandlung kommt es jedoch zu leicht erhöhter Temperatur. Große Studien über die Wirksamkeit der Mistel existieren nicht. Auf einer Veranstaltung der »Akademie für medizinische Fortbildung« in Bad Segeberg stellte der Onkologe Prof. Dr. med. Cle-

mens Unger von der Universitätsklinik Freiburg fest, dass Mistellektin I im Tierversuch gegen Tumoren hilft. Für Erfolge bei der Behandlung am Menschen gebe es aber keinen Wirkungsnachweis, der sich mit großen Studien belegen ließe.

Thymustherapie
Sie zielt auf eine Stärkung des Immunsystems ab. Normalerweise werden den Patienten Präparate aus Extrakten von Kälber-Thymusdrüsen gespritzt oder als Infusion verabreicht. Es gibt aber auch Thymus-Dragees. Kälber-Thymus-Extrakte, die dem menschlichen Körper fremd sind, können allergische Reaktionen auslösen. Die Thymustherapie lässt zwar offenbar die Zahl bestimmter Abwehrzellen im Immunsystem ansteigen. Einen gesicherten Nachweis über ihre Wirksamkeit gibt es aber nicht.

Enzymtherapie
Enzyme sind körpereigene Eiweißmoleküle. Sie werden künstlich nachgebildet und sollen die Fließeigenschaft des Blutes so verändern, dass Tumorzellen weniger gut im Körper »anwachsen« können. Diese Wirkung wurde bisher allerdings lediglich im Reagenzglas bewiesen, Belege für die Wirksamkeit am Menschen gibt es nicht.

Autologe Target Cytokine nach Dr. Klehr
Bei dieser Eigenbluttherapie werden aus dem Blut des Patienten so genannte Killerzellen herausgefiltert und speziell aufbereitet. Der Patient spritzt sich diese Mischung dann selbst. Die veränderten Zellen sollen besser auf den Kampf gegen den Krebs vorbereitet sein. Eine Zeit lang durfte der Dermatologe Klehr nicht praktizieren. Jetzt darf er seine Therapie wieder anbieten. Eine Studie, die der Therapie eine Wirksamkeit bescheinigt, wird von vielen Experten als wenig aussagefähig bezeichnet.

Carnivora
Das ist der gelbe Saft aus einer Fleisch fressenden Pflanze (Venusfliegenfalle). Die Pflanze wurde in den 80er Jahren als Krebsmittel gefeiert. Dann kam es aber bei ihrer Anwendung zu gravierenden Nebenwirkungen: zu Schüttelfrost, Fieber, Kollaps und sogar zum

anaphylaktischen Schock (einer heftigen allergischen Reaktion). Außerdem stellte sich heraus: Die Wirksamkeit lässt sich nicht belegen. Inzwischen wurde die Zulassung, Carnivora als Arzneimittel zu vertreiben, zurückgenommen. Es gibt aber noch Präparate im Handel.

Recancostat
Das ist ein Wirkstoffgemisch, das Substanzen enthält, die in unserer täglichen Nahrung vorkommen. Sie haben interessante Namen wie Glutathion, L-Cystein oder Anthocyan-Farbstoffe und werden als Radikalenfänger bezeichnet (freie Radikale sind Sauerstoffräuber im Blut). Sie sollen besonders bei rasch wachsenden Tumoren helfen. Die Bundesvereinigung Deutscher Apothekerverbände und die Deutsche Krebsgesellschaft stellten fest, dass es bei diesem Gemisch aus Nahrungsmittel-Inhaltsstoffen keinen Nachweis für eine Wirksamkeit gegen Krebs gibt.

Den Alltag erleichtern

> »Wie das Leben auch sei, es ist gut.«
> (Johann Wolfgang von Goethe)

Schwerbehindertenausweis

Ihnen steht eine Reihe von Maßnahmen zu, die Ihnen den Alltag erleichtern können. Dazu gehört für viele Patientinnen zum Beispiel ein Schwerbehindertenausweis. Einige Patientinnen, die Anspruch auf so einen Ausweis haben, verzichten darauf, weil durch ihn »amtlich« wird, dass sie krank sind.
Aber sehen Sie das Ganze doch mal positiv: Ein Schwerbehindertenausweis bringt Ihnen viele Vorteile. Sie haben bereits mit genügend Schwierigkeiten zu kämpfen. Warum sollten Sie sich das Leben nicht in den Situationen erleichtern, in denen Ihnen Hilfe zusteht? Sie sind kein Einzelfall: Mehr als zehn Prozent der Bevölkerung nutzt so einen Ausweis. Durch ihn haben Sie Anspruch auf zusätzliche Urlaubstage (was ja für Ihre Genesung sehr wichtig sein kann) und einen besseren Schutz vor einer Kündigung (die Fürsorgestelle muss einer Kündigung zustimmen). Sie bekommen Steuervergünstigungen, müssen – wird ein stärkerer Grad der Behinderung anerkannt – keine Rundfunk- und Fernsehgebühren zahlen, sind von der Kraftfahrzeugsteuer befreit, können Fahrten zum Arbeitsplatz in besonderer Form absetzen und haben zum Beispiel Anspruch auf Behindertenparkplätze für das Auto oder auf Sitzplätze in öffentlichen Verkehrsmitteln. Dazu schreibt die »Frauenselbsthilfe nach Krebs« in ihren »Sozialen Informationen 1997«: »Als Schwerbehinderte gelten Personen, deren Behinderung nicht nur vorübergehend 50 GdB (Grad der Behinderung) beträgt. Behinderung im Sinne des Gesetzes ist die Auswirkung einer nicht nur vorübergehenden Funktionsbeeinträchtigung, die auf einem regelwidrigen, körperlichen, geistigen oder seelischen Zustand beruht. Regelwidrig ist der Zustand, der von dem für das Lebensalter typischen abweicht. Als nicht nur vorübergehend gilt ein Zeitraum von mehr als sechs Monaten.«

Gebärmutterhals- und Gebärmutterkörperkrebs in frühen Stadien werden meist mit 50 GdB bewertet, Brustkrebs in frühen Stadien zwischen 30 und 50 GdB. Häufig werden dann (z.b. seelische) Probleme bei der Bewältigung der Krankheit zum Grad der Behinderung hinzugerechnet.

Ein Schwerbehindertenausweis muss beim Versorgungsamt beantragt werden. Über den Grad der Behinderung entscheidet der Ärztliche Dienst dieses Amtes. Sie können den Ausweis gleich im Anschluss an die Ersttherapie beantragen oder auch später. Übrigens: Falls Sie Probleme im Job befürchten, ist es sinnvoll, Ihren Arbeitgeber darüber zu informieren, dass Sie so einen Ausweis besitzen. Beantragen Sie ihn erst, wenn der Arbeitgeber eine Kündigung ausspricht (oder präsentieren Sie ihn erst dann), so hat der Ausweis keine Schutzfunktion. Ein erweiterter Kündigungsschutz besteht für Sie nur, wenn Ihr Arbeitgeber Kenntnis davon hat, dass Sie schwer behindert sind. Weiß er das nicht, gelten für Sie nur die üblichen Kündigungsbedingungen.

Ein Ausweis wird meist zunächst für fünf Jahre ausgestellt. Ist die Krankheit in dieser Zeit nicht wieder aufgetreten, wird der Grad der Behinderung häufig niedriger bemessen, oder der Ausweis wird ganz eingezogen.

Es gibt sicher Patientinnen, für die es belastend sein kann, per Ausweis eine Behinderung bescheinigt zu bekommen. Wer sich eigentlich ganz wohl fühlt, keine akuten Probleme hat, der will möglicherweise auf einen Ausweis verzichten. Genauso ist es übrigens mit der Rente. Für einige Menschen ist die vorzeitige »Berentung« der Beweis: Du bist krank. In derartigen Fällen müssen Sie abwägen: Diese Maßnahmen erleichtern die Genesung. Würde es Sie aber seelisch sehr belasten, derartige Maßnahmen in Anspruch zu nehmen, dann sollten Sie – speziell beim Schwerbehindertenausweis – abwägen, ob Ihnen der Seelenfrieden wichtiger ist.

Krankengeld

Nach der Erstbehandlung vollzieht sich die Genesung nicht von heute auf morgen. Und auch wenn Sie sich eine Zeit lang ganz wohl fühlen, können Phasen auftreten, in denen es Ihnen nicht so gut geht und Sie nicht arbeiten können. Dann zahlen die Krankenkassen Ihnen 70 Prozent des Bruttogehaltes (höchstens 90 Prozent des Nettoverdienstes) – und zwar innerhalb eines Zeitraumes von drei Jahren für 78 Wochen wegen derselben Krankheit. Die Zeit, in der Ihr Arbeitgeber Ihnen während der Krankheitszeiten Lohn oder Gehalt gezahlt hat, werden auf die 78 Wochen angerechnet.

Haushaltshilfe

Eine Hilfe für den Haushalt wird gewährt, wenn Sie als Krankenversicherte wegen einer medizinischen oder berufsfördernden Maßnahme außer Haus untergebracht sind und deshalb den Haushalt nicht führen können. Bedingung für die Genehmigung eines Antrages: Eine andere, ebenfalls im Haushalt lebende, Person kann Ihre Aufgaben zu Hause nicht übernehmen. Hilfe wird dann gewährt, wenn im Haushalt ein Kind lebt, das das 12. Lebensjahr noch nicht vollendet hat, oder ein behindertes Kind. Springen Verwandte oder Verschwägerte bis zum 2. Verwandtschaftsgrad ein, werden nur deren Fahrtkosten zu Ihrer Wohnung sowie ein möglicher Verdienstausfall erstattet.
Einen Antrag für den Einsatz einer Haushaltshilfe bekommen Sie bei der Krankenkasse. Die zahlt nach Genehmigung des Antrages dann auch einen vorher festgelegten Stundenlohn. Die Kasse besorgt Ihnen allerdings keine Haushaltshilfe. Häufig helfen Ihnen aber Wohlfahrtsverbände bei der Suche nach einer Haushaltshilfe. Sie verfügen meist über Adressen von Personen, die für derartige Tätigkeiten in Frage kommen. (Anschriften von Wohlfahrtsverbänden finden Sie im Adressenteil ab Seite 90).

Miederwaren und Bademoden

Es gibt eine Reihe von Firmen, die Miederwaren, Bademoden und Brustprothesen versenden oder in Sanitätsfachhäusern anbieten. Hier die Anschriften einiger bekannter Hersteller:

Amoena GmbH, Kapellenweg 36,
D-83064 Raubling

Anita International, Dr. Helbing GmbH & Co.,
Grafenstraße 23, D-83098 Brannenburg

Susa-Vertrieb GmbH & Co., Postfach 1180,
D-73540 Heubach/Württ.

Otto Thämert, Im Steinkamp 12,
D-30938 Burgwedel

Ari-Moden, Dr. Hans Düchting GmbH & Co.,
Postfach 1168, D-74731 Walldürn

Göppinger Wäsche- und Bekleidungsfabrik Benedikt von Fürstenberg Verwaltungs GmbH, Postfach 380,
D-73003 Göppingen

Die Lebensqualität der genesenden Patientin

Der Begriff »Lebensqualität« wird in letzter Zeit immer häufiger in Verbindung mit einer Krebserkrankung erwähnt. Früher zählte für Ärzte und Wissenschaftler eine möglichst erfolgreiche Behandlung nur in Form von Operation, Strahlen- oder Chemotherapie. Nach der Therapie überließ man die Patientin mehr oder weniger sich selbst. Inzwischen sehen aber immer mehr Experten ein, dass so die Lebensqualität der Patientin nicht gerade verbessert wird. Was verbirgt sich eigentlich hinter diesem Begriff? »Psych. press«, der Pressedienst des Thieme Verlages, definiert ihn so: »Internationale Studien legen nahe, dass sich die Menschen in ihrem Verständnis der Lebensqualität nicht so sehr unterscheiden: Unabhängig von Alter, Geschlecht und Kultur scheint es von Bedeutung zu sein, sich körperlich wohl zu fühlen, sozial integriert zu sein, sich psychisch stabil zu fühlen, den Rollen im täglichen Leben nachzugehen und dabei

Lebensqualität

soziale Unterstützung zu erfahren, und dies in einem materiell möglichst sicheren Rahmen.«
Bei der rein auf das Körperliche ausgerichteten Behandlung wurde häufig übersehen, wie wichtig die Stabilisierung der genesenden Patientin auch auf anderen Gebieten ist. Inzwischen bieten viele Kliniken bereits während der Ersttherapie unterstützende Maßnahmen an, und viele Krebsberatungsstellen informieren auf breiter Basis. Auch dieses Buch will Ihnen helfen, wieder so zu leben wie »vorher«.

Sexualität

»Wenn es um Leben und Tod geht, kann Sexualität keine Rolle spielen« – das stimmt nicht. Sexualität ist wichtig für alle Bereiche des Lebens.«
(Stefan Zettl, Psychologe bei der Psychosozialen Nachsorgeeinrichtung der Chirurgischen Universitätsklinik Heidelberg)

»Nach der Operation, nach der Chemotherapie, da gibt es Wichtigeres als Sexualität« – das denken nicht nur ihre Mitmenschen, sondern auch viele Krebspatienten selbst. Außenstehende sind ohnehin oft der Meinung, dass das Thema Sex im Leben der Erkrankten keine Rolle mehr spielt, weil die wirklich andere Sorgen haben. Das tut es aber natürlich doch. Viele Patientinnen haben einen Partner, der bald nach der Operation wieder körperliche Liebe möchte. Und der Körper der Patientin hat als Folge der Krebserkrankung nicht automatisch alle Lust am Sex verloren: Wer vorher Spaß an der Liebe hatte, wird jetzt nicht plötzlich darauf verzichten wollen. Der Körper hat sich aber durch die medizinischen Eingriffe verändert, und häufig ist auch die seelische Einstellung eine andere geworden. Weil Patientinnen zum Beispiel die operierte Brustpartie verstecken möchten, lehnen sie einen engen Kontakt zum Partner ab. Nach einer Unterleibsoperation wegen Gebärmutterhals- oder Gebärmutterkörperkrebs befürchten Patientinnen, dass es beim Geschlechtsverkehr zu Schmerzen kommen kann. Bei der Operation wird auch ein kleines Stück der Scheide mit entfernt – aus Sicherheitsgründen sozusagen, um winzige Tumorreste zu beseitigen. Die Scheide bleibt aber normalerweise groß genug. Außerdem ist sie elastisch. Sie dehnt sich im Laufe der Zeit wieder. Das Gewebe muss sich jedoch auf die veränderte Situation einstellen. Es kann außerdem zu knotigen Verwachsungen von Narben kommen, nach einer Bestrahlung auch zu Verklebungen des Narbengewebes. Das kann dazu führen, dass Sie in der ersten Zeit nach der Therapie Probleme beim Sex haben, muss aber nicht zwangsläufig bei jeder Patientin der Fall sein. Es ist nur wichtig für Sie zu wissen, dass derartige Folgen der Behandlung möglich sein können. Sie sollten Sie aber nicht vom Sex abhalten. Etwa vier bis sechs Wochen nach einer Strahlenbehandlung ist der meist wieder möglich.

Und Sie sollten es nach der vom Arzt vorgeschlagenen Schonfrist auch wieder versuchen. Aus körperlichen und aus seelischen Gründen ist es wichtig, nicht zu lange zu warten. Viele Patientinnen praktizieren nämlich ein so genanntes »Vermeidungsverhalten«. Das heißt: Sex findet nicht statt, weil sie zum einen – bedingt durch die Einstellung ihrer Umwelt – selbst glauben, dass der nun keine Rolle mehr spielen sollte. Zum anderen verzichten sie darauf, weil sie befürchten, dass ihr Partner sie nun weniger attraktiv finden könnte. Außerdem ist da noch die Angst vor Schmerzen.

Je länger Sie der Sexualität ausweichen, desto größer ist die Gefahr, dass die Probleme, die Sie befürchten, tatsächlich eintreten oder die tatsächlich vorhandenen noch zunehmen. Das betrifft zunächst einmal die rein organische Seite. Haben Sie nach einer Unterleibsoperation keinen Sex, so können sich die Verklebungen (und die dadurch bedingten Verengungen) im Bereich der Scheide verstärken. Irgendwann ist diese dann so eng, dass wirklich »nichts mehr geht« oder dass der Verkehr zumindest sehr schmerzhaft ist. Wenn Sie aber relativ rasch nach dem Eingriff wieder mit Ihrem Partner schlafen, entdecken Sie mögliche Probleme so rechtzeitig, dass Sie – unter Umständen mit Hilfe Ihres Arztes – etwas dagegen unternehmen können. So muss daraus kein Riesenproblem werden.

Für eine Frau, die sich ihrem Partner nach der Brustkrebsbehandlung nicht präsentieren möchte, wird das Hinausschieben des Zeit-

punktes für das »erste Mal« nach der Operation ebenfalls keine Lösung des Problems bringen, sondern es eher verstärken. Und noch etwas nicht ganz Unwichtiges: Wenn Sie auf Sex verzichten, bringen Sie sich um viele schöne Augenblicke.
Gewiss, dieser Bereich ist unbestritten ein heikler Punkt in Ihrer Genesungsphase. Aber den Kopf in den Sand zu stecken, wird Ihnen nicht weiterhelfen. Hier ist aktives Handeln nötig. Dazu zählt, dass Sie mit Ihrem Partner reden, ihm Ihre Bedenken mitteilen. Therapeuten stellen nämlich häufig fest: Wird das Problem nicht ausgesprochen, kann es zu gravierenden Missverständnissen zwischen den Partnern kommen. So schildert der Psychologe Stefan Zettl von der Psychosozialen Nachsorgeeinrichtung der Chirurgischen Universitätsklinik Heidelberg beispielhaft für viele Fälle die Geschichte einer Brustkrebspatientin, die als Folge ihrer Krankheit an einer depressiven Verstimmung leidet. Bedingt durch die Depression ist sie müde und kraftlos, hat keine Freude am Leben, leidet unter Antriebsschwäche und kann sich zu nichts aufraffen – auch nicht zum Nachdenken über ihr Sexualleben. Ihr Partner denkt: »Ich muss meine Frau schonen, also muss ich mich erstmal zurücknehmen.« Deshalb »behelligt« er seine Partnerin auch nicht mit dem Wunsch nach Sex. Sie aber denkt: »Früher wollte er ständig. Weil er mich nach der Operation nicht mehr attraktiv findet, schläft er nicht mehr mit mir.« Diese Befürchtungen bewirken, dass die depressiven Verstimmungen sich noch verstärken. Ein Teufelskreis beginnt.
Wird rechtzeitig über Bedürfnisse und Befürchtungen geredet, können derartige Missverständnisse sich nicht zum Riesenproblem ausweiten. Dann können die Partner gemeinsam überlegen, wie sie gegensteuern. Falls diese Gespräche Sie nicht weiterbringen, sollten Sie überlegen, ob Ihnen Fachleute in einer sexuellen Beratungsstelle helfen können. Solche Institutionen haben sich die Aufgabe gestellt, Ihnen bei sexuellen Problemen zur Seite zu stehen. Es muss Ihnen also nicht unangenehm sein, wenn Sie die angebotene Unterstützung auch nutzen. Die Fachleute der Beratungsstellen sind dafür da, Sie zu informieren. Es ist immer noch besser, einem Beratungstermin dort mit gemischten Gefühlen entgegenzusehen (aber dann von kompetenter Seite Unterstützung zu bekommen), als Strategien zu entwickeln, um die körperliche Liebe zu vermeiden.

Sie sollen hier nicht dazu überredet werden, sich an Sexnormen anzupassen. Was uns in den Medien vorgegaukelt wird, betreffend Häufigkeit und Intensität der sexuellen Beziehungen der Durchschnittsbürger, hat wenig mit der Wirklichkeit zu tun. Die wenigsten Paare stellen auf diesem Gebiet die Rekorde auf, von denen so gern berichtet wird. Niemand sollte sich vorschreiben lassen, ein bestimmtes Soll pro Monat zu erfüllen. Die körperliche Liebe hat mehr mit Qualität als mit Quantität zu tun. Deshalb sollten Sie sich auch nicht von irgendwelchen – meist geschönten – Statistiken unter Druck setzen lassen.

Sie sollten sich aber einige Wochen nach der Ersttherapie einen kleinen Schubs geben und über Ihr zukünftiges Sexleben nachdenken (wenn Sie nicht sowieso bereits wieder mit Ihrem Partner schlafen). Voraussetzung für die körperliche Liebe: Die Folgen der Behandlung sollten so weit abgeklungen sein, dass Sie sich wieder relativ wohl fühlen, und Ihr Arzt sollte »grünes Licht« gegeben haben. Wenn er Ihnen nicht von sich aus sagt, wann Sie wieder Sex haben dürfen, können Sie ihn durchaus danach fragen. Der Arzt leistet medizinische Hilfe – auch auf diesem Gebiet. Also muss es Ihnen nicht unangenehm sein, solche Fragen zu stellen.

Es gibt allerdings Mediziner, die sprechen Patientinnen nicht auf das Thema Sexualität an. Und wenn eine Patientin nicht fragt, nehmen sie nur zu gern an, dass alles in Ordnung ist. Das mag für den Arzt bequem sein, für Sie ist es aber eher nachteilig. Wenn Sie leben wollen wie zuvor, müssen Sie sich Informationen beschaffen – und manchmal durch direktes Fragen dafür sorgen, dass Sie sie auch bekommen. Sie können dem Arzt oder den Fachleuten einer Sexualberatungsstelle Fragen stellen wie zum Beispiel: »Was hilft, wenn die Scheide durch die Therapie trockener ist als früher?«, »Welche Stellung ist günstig beim Sex, wenn nach einer Operation Schmerzen in der Genitalregion auftreten?«

Aber nicht nur Profis, sondern auch Sie selbst können viel dazu beitragen, dass die Freude am Sex zurückkommt. Zum Beispiel, indem Sie dafür sorgen, dass sich möglichst gar nicht erst Störungen entwickeln.

Geben Sie sexuellen Störungen keine Chance

1. Wer gut informiert ist, kann besser mit Veränderungen umgehen. Körperliche Störungen, die das Sexualleben beeinflussen können, bilden keine Ausnahme. Broschüren zum Thema »Sexualität und Krebs« gibt es zum Beispiel von der »Frauenselbsthilfe nach Krebs« oder vom Krebsinformationsdienst der Universitätsklinik Heidelberg (Adressen und Telefonnummern finden Sie im Anschriftenteil).

2. Ein soziales Netzwerk hilft, besser mit Problemen fertig zu werden – auch mit sexuellen. Das bedeutet nun nicht, dass Sie in Gesprächsgruppen onkologischer Beratungsstellen oder in Selbsthilfegruppen detailliert über Ihr Sexleben reden müssen. Viele organische Probleme sind nach einer Operation oder einer Strahlentherapie bei den meisten Patientinnen mehr oder weniger gleich. Also können allgemein gehaltene Informationen ausgetauscht werden – und dazu bei der Lösung Ihrer Probleme durchaus hilfreich sein.

3. Bewegungsübungen wie Gymnastik tragen dazu bei, dass Sie wieder ein positives Gefühl zu Ihrem Körper bekommen. Das Körperbild, das wir im Laufe der Zeit entwickeln, hat einen wesentlichen Einfluss darauf, ob wir uns wohl fühlen oder nicht. Durch die Operation wird es meist stark beeinträchtigt. Bewegungsübungen können Ihnen helfen, sich an Ihren veränderten Körper zu gewöhnen. Sie werden heute nicht mehr nur als reines Training gesehen, das Sie wieder in Schwung bringen soll. Viele Übungen sind so angelegt, dass Sie Ihren Körper spüren und wahrnehmen, dass er Streicheleinheiten braucht. Das können zum einen Massagen sein, von Fachleuten ausgeführt. Aber auch die aktive Bewegung ist wichtig, damit Sie sich nach und nach mit Ihrem veränderten Körper versöhnen und lernen, ihn so zu mögen, wie er jetzt ist. Das kann dann bedeuten, dass Sie ihm Gutes tun wollen, dass Sie zum Beispiel sexuelle Gefühle leichter wieder zulassen.
Körperorientierte Methoden, die dabei helfen, sind zum Beispiel Feldenkrais, Atemtherapie, Eutonie. Übungen werden in Re-

hakliniken, an Volkshochschulen oder in onkologischen Beratungskreisen angeboten.

4. Eine Reihe von Mitteln kann hilfreich sein, wenn Sie nach einer Unterleibsoperation zunächst mit Problemen beim Sex zu kämpfen haben. Als Folge der Behandlung ist bei einigen Frauen die Scheide nicht mehr so feucht wie früher. Dadurch kann es zu Schmerzen beim Geschlechtsverkehr kommen. Statt auf Sex zu verzichten, sollten Sie versuchen, ob Ihnen so genannte Gleitgels helfen. Das sind feuchtigkeitsspendende Gels, die dafür sorgen, dass die Scheide weniger trocken ist. Die »Frauenselbsthilfe nach Krebs« empfiehlt in ihrer Broschüre Krebs und Sexualität, wasserlösliche, farblose Gels ohne Duftstoffe zu benutzen (sie verursachen so gut wie keine Reizungen). Sie bekommen sie in der Apotheke.

Ist die Scheide nach der Strahlenbehandlung weniger elastisch, kann ein Dilatator Ihnen helfen, die Elastizität des Gewebes zu verbessern. Die Elastizität der Scheide nimmt ab, weil das durch die Therapie in Mitleidenschaft gezogene Gewebe vernarbt. Sobald es zu sehr dicken Narben kommt, kann die Scheide auch enger werden. Durch regelmäßige Dehnübungen mit Hilfe eines Dilatators können Sie diesen Prozess stoppen. Der Dilatator ist ein Zylinder oder ein Röhrchen aus Gummi, Kunststoff oder Metall. Er wird in die Scheide eingeführt und soll sie dehnen. Mit der Behandlung sollte möglichst früh begonnen werden (der Arzt muss Ihnen den Termin nennen), damit die Verengung gar nicht erst zu einem großen Problem werden kann. Sollten Hautreizungen und ein Gefühl von Wundsein den Sex problematisch machen, können Wundsalben aus der Apotheke helfen.

5. Nach einer Krebsbehandlung im Unterleibsbereich kann Ihnen ein Beckenbodentraining helfen, die Funktionsfähigkeit des gesamten Bereiches zu verbessern. Ein derartiges Training ist aber auch sehr wirksam, wenn es als Folge der Behandlung zum ungewollten Wasserlassen kommt. Eine Reihe von Physiotherapeuten bietet ein Beckenbodentraining an. Onkologische Beratungsstellen können Ihnen sagen, wo Sie diese Gymnastik erlernen können.

Eine zentrale Übung, die so genannte »Kegel-Übung«, stellen wir hier vor. Sie wurde nach Dr. Arnold Kegel benannt, der sie entwickelt hat. Man nennt sie auch »Fahrstuhlübung«: Stellen Sie sich vor: Am Eingang der Scheide startet ein Fahrstuhl seinen Weg nach oben. Sie ermöglichen ihm das Fahren, indem Sie die Muskeln in der Scheide von unten nach oben hin anspannen. Ist der Fahrstuhl am anderen Ende der Scheide angekommen, fährt er wieder runter: Das ermöglichen Sie ihm, indem Sie die Anspannung langsam zurücknehmen. Diese Übung können Sie jeden Tag mehrmals machen. Sie lässt sich leicht in den Alltag einbauen und in unterschiedlichen Haltungen durchspielen, zum Beispiel im Stehen, im Liegen oder wenn Sie sitzen.

6. Falls Sie nach einer Entfernung der Brust Probleme beim Sex befürchten, sollten sie sich von Ihren Ärzten über Möglichkeiten zum Wiederaufbau der Brust mit Silikon oder Eigenfettgewebe informieren lassen. Ob Sie diesen Eingriff später auch durchführen lassen, ist eine andere Sache. Wichtig ist, dass Sie über diese mögliche Hilfe informiert sind.

7. Lassen Sie sich auf keinen Fall durch Behauptungen wie »Krebs kann ansteckend sein« vom Sex abhalten. Ihr Partner ist nach einer Operation nicht durch eine Ansteckung gefährdet. (Krebs kann nur dann durch eine Infektion mitverursacht werden, wenn ein Tumor des Gebärmutterhalses entsteht. Dieser kann durch Papilloma-Viren mitverursacht werden, die zur Bildung von Genitalwarzen führen. Diese können offenbar – wenn noch weitere Risikofaktoren vorhanden sind – diesen Krebs auslösen. Wenn Sie Zweifel haben, sollten Sie Ihren Arzt oder Ihre Ärztin dazu befragen.)

Auch nach einer Strahlentherapie gibt es keinen Anlass für die Befürchtung, der Partner könnte bei engem Kontakt einer Gefahr durch Strahlen ausgesetzt sein. Diese haben nur zum Zeitpunkt der Bestrahlung einen Einfluss auf den Körper.

Krebspatientinnen berichten

Monika T., Hausfrau
»Durch die Krankheit ist mein wahres Ich durchgekommen«

Bis zum Frühjahr 1991 nahm mein Leben einen ganz normalen Verlauf. Nach der Schule hatte ich den Beruf der Arzthelferin erlernt. Durch den Materialeinkauf für die Arztpraxis lernte ich in der Nachbarschaft den Apotheker Klaus kennen, den ich 1987 heiratete. 1988 kam unser Sohn Nicki auf die Welt. Mein Mann und ich wünschten uns weitere Kinder, ansonsten war unser Glück perfekt. Wir wohnten bei den Schwiegereltern im Haus und mein Mann konnte die Apotheke von seinem bisherigen Chef übernehmen.
Aber dann entdeckte ich im Frühjahr beim Duschen einen Knoten in der Brust. Besorgt – als Arzthelferin wusste ich Bescheid – machte ich noch am selben Tag einen Termin bei meinem Gynäkologen aus, der mich bereits während der Schwangerschaft betreut hatte und dem ich vertraute. Zu diesem Zeitpunkt war ich 28 Jahre alt. Der Gynäkologe untersuchte mich und sagte sofort: »Das ist ein Fibrom.« Er erzählte mir, dass diese gutartige Geschwulst bei einer Schwangerschaft wachsen könne. Weitere Untersuchungen, zum Beispiel eine Mammografie, fanden nicht statt.
Zunächst war ich ein wenig erleichtert. Aber irgendwie ließ mich der Gedanke an die kirschkerngroße Geschwulst nicht los. Im Oktober machte ich erneut einen Termin beim Gynäkologen. Der meinte: »Sie sind auf den Knoten fixiert«, schlug dann aber vor, die seiner Meinung nach harmlose Geschwulst in der Praxis ambulant entfernen zu lassen. Wenig später musste er mir eine katastrophale Botschaft überbringen: »Es ist eine bösartige Geschwulst. Sie müssen sie großflächiger entfernen lassen.« Ich verließ die Praxis wie betäubt und ging zu meinem Mann in die Apotheke, um zu beraten, was zu tun sei.

Wir entschieden uns dafür, dass ich mich im nahegelegenen Kreiskrankenhaus operieren lassen sollte. Die Gynäkologie hatte einen ausgezeichneten Ruf und arbeitete eng mit der 70 Kilometer entfernten Universitätsklinik zusammen. Zunächst wurde ein Teil der Brust entfernt, dabei entdeckten die Ärzte Schlimmes: 19 Lymphknoten waren befallen. Nun musste in einer zweiten Operation die ganze Brust entfernt werden. Ich fiel in ein Loch. Nur der Gedanke an meinen Sohn Nicki hielt mich aufrecht.

Während ich mich von der Operation erholte, beratschlagten die Ärzte: Sollten sie mich in der Uniklinik zu einer Studie anmelden, die dort wenige Wochen zuvor begonnen hatte? Es wurde eine neue Therapie getestet, die zusätzlich zur normalen Behandlung durchgeführt wird: die Stammzellentransplantation. Dabei werden Stammzellen aus dem Blut gewonnen und dem Patienten zurückgegeben. Ich war erst die siebente Patientin, die in der Uniklinik mit der neuen Therapie behandelt werden würde. Für mich war diese Behandlung ein Hoffnungsschimmer, und ich entschied mich, an der Studie teilzunehmen.

Bis Ende Februar 1992 wurde ich – unterbrochen durch einige Pausen – in der Uniklinik behandelt. Nach Abschluss der Therapien fuhren mein Mann und ich zum Skilaufen in die Schweiz. Ich fühlte mich so weit ganz fit. Aber als ich am Skilift stand, merkte ich plötzlich, dass mir die Haare büschelweise ausfielen. Ich lief nur noch mit Mütze herum. Die Freude am Skifahren ließ ich mir aber nicht nehmen.

Ich musste dann im März und im April noch mal in die Klinik. Danach fühlte ich mich nicht so gut. Die Operationen hatten mich doch mitgenommen. Meine Familie half mir, wo immer es ging. Nicki entwickelte sich prächtig und gab mir neuen Mut. Natürlich musste ich meine Lebensweise umstellen. Das Tennisspiel musste ich aufgeben, weil die Gefahr groß ist, dass sich dabei ein Lymphödem entwickelt. Ich begann nach einer Weile damit, Fahrrad zu fahren und leichtes Bodybuilding zu machen. Sehr wichtig war mir die Dekoration der Apotheke.

Das Dekorieren habe ich beibehalten. Ich bin nun seit sechs Jahren beschwerdefrei. Ich gehe regelmäßig zur Kontrolle ins Kreiskrankenhaus. Ich verwende Mistelpräparate, und inzwischen rate ich erkrankten Frauen, wie sie besser mit der Krankheit zurechtkommen.

Erfahrungen

In einer kleineren Stadt spricht sich so eine Krankheit doch herum. Mich fragen die Frauen das, worüber sie beim Arzt nicht reden. Das sehe ich nichts als Arbeit in einer Selbsthilfegruppe an. In so eine Gruppe würde ich nicht gehen. Ich mache mir mein eigenes Programm. Radfahren zum Beispiel. Mein Mann und ich haben mit unseren Rädern schon echte Bergtouren gemacht. Außerdem fahren wir Motorrad. Ich bin die Beifahrerin. Vor kurzem haben wir Urlaub in St. Moritz gemacht. So hat die Krankheit auch ihre guten Seiten. So etwas hätten wir früher nicht getan. Das Geschäft stand immer im Vordergrund. In meiner Familie – und auch in der meines Mannes – hat man sich keine Extratouren gegönnt. Meine Eltern haben zum Beispiel drei Kinder groß gezogen, ein Haus gebaut. Jetzt im Alter könnten sie Urlaub machen, aber sie trauen sich nicht, ins Flugzeug zu steigen.

Ich habe mich zunächst ähnlich entwickelt. Ich war früher eine echte Landpomeranze. Durch die Krankheit ist mein wahres Ich durchgekommen. Ich habe gar nichts von meinen positiven Eigenschaften gewusst, zum Beispiel von der, dass ich mich gut durchsetzen kann. Ich bin ja nach der Schule auf eingetretenen Pfaden geblieben, habe den Wohnort nicht verlassen. Ich habe relativ früh geheiratet, früh mein Kind bekommen. Eigentlich war es gar nicht meine Art, mich durchzusetzen. Durch die Krankheit habe ich mir einen Ruck gegeben und gesagt: »Tu was!« Plötzlich hatte ich ein aggressives Verhalten und viel Power. Es war aber auch viel Trotz dabei. Ich wollte mich gegen die Krankheit wehren.

Wir haben kürzlich mit der Apothekerkammer die Klinik für Tumorbiologie in Freiburg besucht. Dort ist man sehr kreativ, bietet zum Beispiel Mal- und Musiktherapie an. Ich habe die Zeit in den Kliniken hinter mir und weiß, dass man sich dort manchmal sehr einsam fühlt. Dann können solche Therapien helfen. Meiner Meinung nach sollte man konservativ in der Therapie sein (also schulmedizinisch), aber auch Zusätze wie Mal- und Musiktherapie akzeptieren. Um etwas anzunehmen, zum Beispiel eine Behandlung, muss man guter Stimmung sein. Dabei können solche Zusatztherapien helfen. Ich musste mein Stimmungsbarometer immer wieder selbst hochbringen.

Heute kann ich es verkraften, Plätze wie die Klinik für Tumorbiologie als Besucherin zu betreten. Es ist zwar eine Art Déjà-vu-Erlebnis, aber ich habe das Schlimmste hinter mir. Die ersten zwei, drei Jahre nach der Erkrankung verdrängt man sie, aber irgendwann packt man es dann. Was ich der Krankheit auch verdanke: Ich sehe die Dinge viel positiver, rege mich nicht mehr über Kleinigkeiten auf. Neulich hat mein Sohn morgens den Kakao verschüttet, mittags ein Bild samt gläsernem Rahmen von der Wand gefegt und abends eine Teetasse fallen lassen. »Es gibt Schlimmeres«, sage ich nur. Nicki ist jetzt zehn Jahre, ein spannendes Alter. Er ist nur noch einen Kopf kleiner als ich und hat eine Schuhgröße, die nur noch um eine Nummer unter meiner liegt. Neulich hat er stolz gesagt: »Nächstes Jahr kann ich deine Skischuhe anziehen, Mami.« Die Sorge um das Kind hat mich vor vielen Jahren auch die Kraft entwickeln lassen, gegen die Krankheit zu kämpfen. Man kann nämlich viele Sachen verkraften, wenn man es muss. Zum Glück habe ich die Krankheit und nicht mein Mann oder mein Sohn. Gerade bei meinem Kind hätte ich es nicht verkraftet.

Christina K., Gynäkologin

»Man muss *für* etwas kämpfen, nicht *gegen* etwas«

Damit gerechnet hatte ich ab einem bestimmten Alter wohl immer, dass er mich auch einmal »erwischen« könnte, der Brustkrebs. Der tägliche Umgang mit Krebspatientinnen in meiner Praxis – ich war als Frauenärztin tätig – machte mir diese Erkrankung immer präsent, und zum anderen kreiste mich die Statistik ein. Hatte es zu Beginn meiner ärztlichen Tätigkeit vor etwa 20 Jahren geheißen, dass ungefähr jede 20. Frau Brustkrebs bekäme, so war es 1993 immerhin schon jede zehnte oder neunte Frau in Deutschland. Das bedeutet: 30 000 bis 40 000 Frauenschicksale jährlich. Nun ja, und an Risikofaktoren hatte ich mittlerweile auch ein bisschen was zu bieten: Zwar gab es in unserer Familie keine Brustkrebserkrankungen mütterlicherseits (Vererbung ist ein möglicher Mitverursacher von Karzinomen) und meines Wissens auch keine anderen Krebserkrankungen. Aber da ich keine Schwangerschaft ausgetragen hatte, galt ich als »Nullipara«. Das war der erste Risikofaktor, der mir immer sofort einfiel. Ich hatte in einer großen Gemeinschaftspraxis und als Belegärztin an einem Kreiskrankenhaus zwar viel Stress, aber trotzdem mit vierzig Jahren die Grenze zum Übergewicht fast unmerklich überschritten – der zweite Risikofaktor also. Meine Ernährungsweise und die sportliche Betätigung waren mangelhaft. Die langen Sprechstunden, mehrstündiges Operieren an manchen Tagen sowie Nachtdienste mit Einsätzen in der Geburtshilfe und damit keine Zeit für mich – das waren meine Entschuldigungen dafür. Ich hatte einen ungeregelten Tagesablauf, und das Wort »Stress« tauchte immer häufiger in meinem Leben auf: Mein, wie ich glaube, wichtigster Risikofaktor.

Bevor ich davon berichte, wie es zur »Entdeckung« meines Krebses in der Brust kam und wie ich damit umgegangen bin, muss ich noch erwähnen, dass ich zwischen 1978 und 1989 als so genannte Entwicklungshelferin und in der Nothilfe in verschiedenen Ländern West- und Ostafrikas als Ärztin gearbeitet habe.

Das, wovon viele bewusst lebende Menschen in ihrer Jugend träumen, das hatte ich also mit Vierzig schon hinter mir. Und so hatte ich in meinem Rückreisegepäck »out of Africa« neben reichlich beruflicher Erfahrung in Extremsituationen auch jede Menge »erfülltes Leben«. Aus dieser Welt war ich also wieder zurück nach Deutschland gegangen.

Ich fand eine schöne, neue Praxis in Bayern, die in allem Äußeren meinen Vorstellungen entsprach: eine ländliche Umgebung, nicht weit von einer Großstadt mit internationalem Flughafen entfernt. Und im Krankenhaus konnte ich auch meine Patientinnen selbst behandeln und operieren.

Alles lief gut an in den ersten Jahren. Ich hatte als Frauenärztin unter fast ausschließlich männlichen Kollegen einen ziemlich guten Zulauf, wie wir das so nannten, konnte mich also über Mangel an Arbeit nicht beklagen. Dabei wurde ich, durch den Erfolg angestachelt, zum »Workaholic«.

Im dritten Jahr nach meiner Niederlassung meldete sich mein Körper zunehmend, scheinbar protestierend: Ich registrierte in besonders stressiger Zeit erstmalig Tinnitus-Kopfgeräusche. Mein Rücken schmerzte besonders beim Operieren im Stehen zunehmend. Im

Frühjahr 1993, also nach vier Jahren, hatte ich zum allerersten Mal in meinem bis dahin weitgehend »gesunden« Leben eine deftige eitrige Angina, die mich zwang, Penicillin zu nehmen. Natürlich musste ich weiter arbeiten, da die Patientinnen schon lange ihre Termine hatten und außerdem mindestens ein Kollege im Urlaub war. Aber daran, dass ich bei eigenen körperlichen Beschwerden, die zum Teil schwerwiegender waren als die meiner Patientinnen, immer weiter arbeitete, hatte ich mich gewöhnt. Mich selbst als krank zu sehen, das Bett zu hüten, das konnte und wollte ich mir nicht erlauben. Ich hätte damit ja dem Kollegen Recht gegeben, der zu Beginn meiner Tätigkeit in der Gemeinschaftspraxis mal behauptet hatte, ich sei wohl nicht so belastungsfähig. Erst später ist mir bewusst geworden, dass dies der Anfang eines gewissen Mobbings war.

Rückblickend kommt es mir vor, als wenn ich mich in den ersten Jahren meiner Niederlassung auf einer Spirale der durch Stress verursachten physischen und psychischen Anspannung immer weiter nach oben bewegte und ein Absturz letztlich unvermeidlich wurde. Im Herbst 1993 nahm ich mit meiner Cousine und ihrem Mann an einer Fastenwanderung von Bozen nach Venedig teil. Leider begleiteten uns anstelle der Herbstsonne dunkle Wolken, aus denen es an den meisten Wandertagen auch entsprechend regnete. Als Nachwirkung der verregneten Fastentour bekam ich eine Erkältung. Ein plötzlich auftretender ziemlich heftiger Schmerz im Rücken in Höhe meiner Schulterblätter machte mir Angst, ich könnte mir eine Rippenfellentzündung zugezogen haben.

Zurück in Bayern an meinem Wohn- und Arbeitsort, begann ich gleich wieder zu arbeiten. Am Ende der ersten Dienstwoche fiel mir ein, dass ich mir ja noch die Lunge röntgen lassen wollte, um eine Rippenfellentzündung oder ähnliche Folgen der feuchten Fastenwanderung auszuschließen. Gleichzeitig ließ ich auch meine Mammografie machen, wie alle zwei Jahre nach dem 40. Lebensjahr.

Am Nachmittag holte ich mir das Ergebnis bei meinem radiologischen Kollegen ab: Die Lunge war frei, aber in der Mammografie hatte sich im Vergleich zur letzten Untersuchung von vor zwei Jahren eine Veränderung gezeigt, die er sich mit Ultraschall anschauen wollte. Der Befund wurde zunächst als kontrollbedürftig angesehen. Als er mir aber ein paar Tage später nach Rücksprache mit einem

anderen Kollegen zur sofortigen Probeentnahme an meiner linken Brust riet, da bewegte sich in mir so etwas wie eine Gewissheit, dass in meiner Brust etwas Malignes, etwas Bösartiges, wuchs. Ich rief einen Frauenarztkollegen an, den ich kurz vorher in einer Fortbildungsveranstaltung sehr kompetent über Mammakarzinom hatte reden hören. Ich durfte gleich am nächsten Tag bei ihm vorbeikommen.
Der Stein kam ins Rollen...
Mein Kollege riet mir ebenfalls aufgrund des Ultraschallbefundes zu einer Probeentnahme. Wir vereinbarten einen Operationstermin für vierzehn Tage später.
In meinem Tagebuch steht in dieser Zeit schon etwas von aufkommender Angst, dass es wirklich Krebs sein könnte, denn immerhin tastete ich nun auch deutlich einen Knoten in meiner linken Brust. Mit ihm startete ich so eine Art »innerer Kommunikation«: »Tu mir das nicht an!« »Was willst du in mir?« »Was willst du mir sagen?« »Willst du dich meiner bemächtigen, mich innerlich auffressen?« »Was soll ich tun – mit mir tun lassen –, falls du bösartig bist?« Und dann: »Es ist unglaublich, ich hätte es nie gedacht, was alles an so einem ungewissen Knoten in der Brust hängen kann. Eigentlich das ganze Leben.«
Mit meinem Chirurgen hatte ich am Abend vor dem ersten Eingriff nochmals besprochen, dass er auf jeden Fall zunächst nur eine Probeentnahme durchführen würde, die dann im Schnellschnittverfahren histologisch untersucht werden sollte, so dass ich noch am selben Tag die Frage, ob Krebs oder nicht, beantwortet bekommen würde. Einige Stunden nach dem Eingriff – ich döste nach der Narkose vor mich hin – rief mein älterer Praxiskollege an, der wohltuend »normal« auf meinen Krebsverdacht reagiert hatte. Er wollte sich nach meinem Befinden und dem Befund erkundigen. Schlagartig wurde ich wach und wusste im selben Augenblick, dass ich Brustkrebs hatte. Warum sonst war der Chirurg noch nicht aufgetaucht? Aus eigener Erfahrung wusste ich, dass der Befund, ob bösartig oder nicht, bei einem Schnellschnitt schon innerhalb von Minuten da sein kann. Der Kollege kam aber erst am späten Nachmittag und teilte mir mit, dass ich ein schnell und an verschiedenen Stellen wachsendes Karzinom in der linken Brust hätte und dass die Brust abgenommen werden müsse, da ein so genanntes »brusterhaltendes

Verfahren« nicht zu verantworten sei. So unverständlich es für einen Laien klingen mag, aber in meine Trauer darüber, dass ich mich von meiner linken Brust trennen musste, mischte sich auch ein Gefühl von Erleichterung. Da ich als Chirurgin informiert war über Behandlungsmethoden, erschien mir immer die Ablatio – die Entfernung einer Brust – als die »sauberere« Lösung gegenüber der brusterhaltenden Therapie, bei der nur der Knoten und etwas gesundes Gewebe drumherum entfernt werden, einschließlich der Lymphgefäße in der Achselhöhle. Letzteres erfordert immer eine Nachbestrahlung, und die wollte ich auf jeden Fall vermeiden, da ich ja schnell weiterarbeiten wollte.

Am Vorabend meiner zweiten Operation, der Ablatio, wurde auch das kosmetische Ergebnis besprochen. Neben der Entfernung der linken Brust und der Lymphknoten in der Achselhöhle hatten wir einen sofortigen »Wiederaufbau« der Brust mit einer Expanderprothese aus Silikon vereinbart. Zwei Tage nach dieser Operation steht in meinem Tagebuch: »Ich werde leben!!! Alle 40 Lymphknoten in meiner Achselhöhle sind frei von Krebs, auch der Restdrüsenkörper und das Stück aus der rechten Seite. Das ist das Leben, auch wenn ich es ändern will! Mein Gott, ich danke dir! Wie kann man glücklicher sein im Unglück?!«

Anfang Januar fuhr ich an den Chiemsee in eine Rehabilitationsklinik. Bei den Gesprächen mit einer Psychotherapeutin konnte ich zwar unter Tränen einen Großteil meines beruflichen Frustes loswerden, aber dafür wurde der Wunsch, aus der Praxistätigkeit auszusteigen, wieder ganz intensiv.

Es hat für mich von Anfang an keinen anderen Weg gegeben als den des offenen Umgangs mit meiner Krebserkrankung. Bei so vielen jährlichen Neuerkrankungen in Deutschland sollte dies kein Tabuthema mehr sein. Ich kann auch nicht verhehlen, dass für mich das Thema »Krebs« auf einmal diesen Schrecken und auch diese Schwere verloren hatte, die ich immer in den angstvollen Augen und in den Äußerungen meiner Patientinnen bei den Krebsfrüherkennungs-Untersuchungen sah.

Anderthalb Jahre lang nach der Wiederaufnahme meiner Arbeit in Praxis und Klinik habe ich mich – unterstützt von Psychotherapie und Physiotherapie und mit einem neuen Gefühl der relativen Gelassenheit – gehalten, mich wieder vor Ort engagiert. Durch Mit-

gründung einer Arbeitsgemeinschaft für Frauengesundheit in der Dritten Welt, in der ich mich stark engagierte, kam ich wieder auf meine alte Schiene zurück.
Ich verkaufte meinen Praxisanteil und mein Haus und zog in die Nähe meiner Heimat, wo ich mir einen »Standort« für meine Möbel und meine Erinnerungsstücke schaffen wollte, um dann wieder nach Afrika zu gehen.
Mittlerweile liegt mein Umzug über eineinviertel Jahre zurück, und aus dem »Standort« ist unbeabsichtigt ein »Wohnort« geworden. Als ich mich von einer erneuten Brustoperation (Entfernen des Silikonpanzers und Rekonstruktion der Brust mit eigenem Gewebe [TRAM]) nur langsam erholte, wurde mir klar, dass mein Körper die physischen Belastungen der Praxis- und Krankenhaustätigkeit nicht mehr ertrug. Ich sagte daraufhin die Mitarbeit an einem Projekt in Afrika ab, das mir angeboten worden war. Stattdessen machte ich eine Weiterbildung im Bereich »Gesundheitsmanagement«.
Inzwischen weiß ich, warum sich nicht alles ereignen sollte wie geplant, denn in diesem einen Jahr seit meiner Absage an das Afrikaprojekt habe ich mittlerweile zum zweiten Mal lokale Rezidive meines Brustkrebses. Entgegen vieler Aussagen von Menschen um mich herum, die finden, dass ich gesund aussehe, und von Kollegen, die sich auf Labordaten und »bildgebende Verfahren« beschränken, ist mein Krebs noch nicht »besiegt«. Wobei ich schon sehr früh beschlossen hatte, gar nicht erst gegen ihn zu kämpfen. Nachdem ich während der ersten Auseinandersetzung mit meiner Erkrankung in meinem Tagebuch sinngemäß den Satz wieder fand: »Man muss *für* etwas kämpfen, nicht *gegen* etwas«, hatte ich beschlossen, für mein Leben, d.h. für eine gute Lebensqualität zu »kämpfen«. Nach meiner Erfahrung hatten alle Frauen, die verbissen versuchten, ihren Krebs zu bekämpfen, im Ansatz schon verloren. Sie waren von einer ängstlichen Unruhe befallen und immer auf der Suche nach einer neuen Therapiemöglichkeit, auch wenn alle schon ausgeschöpft schienen. Das ist nicht meine Art, damit umzugehen. Ich will auch nicht meinem Schicksal davonlaufen, sondern stehe ihm angstfrei gegenüber, mit einer aktiven Gelassenheit.
In diesem Zustand der relativen Angstfreiheit und Gelassenheit hat mir meine Krebserkrankung für viele Dinge um mich herum – große wie kleine – die Augen geöffnet.

Meine Krebserkrankung war und ist meine Chance. Sie hat mir geholfen, aus einer Situation wieder herauszukommen, die mich unglücklich und krank gemacht hat. Und ich bin meinem Körper heute dankbar dafür.
Während ich diese Zeilen hier schreibe, befinde ich mich wieder in einer Klinik im Alpenvorland. Die zehnte Operation an meiner linken Brust liegt hinter mir. Das zweite Lokalrezidiv innerhalb eines Jahres, diesmal gleich an drei Stellen Rezidive meines Mammakarzinoms.
Diesmal werde ich mich also doch auf das nächste Therapieniveau begeben: Ich werde eine Nachbestrahlung über mich ergehen lassen – wonach in den letzten Monaten seit der ersten Rezidivoperation trotz des angeblich »guten« Ergebnisses ein regelrechtes Bedürfnis bei mir entstanden ist –, und ich werde auch die immer vor mir hergeschobene Anti-Östrogen-Therapie beginnen.

Phina Dacri, Rentnerin
»Ich tue jetzt alles, was ich will«

Ich erinnere mich, wie es war, als sie es mir sagten. Ich war im Krankenhaus, mit Angina. Ich war als neue Patientin bei Dr. Russell, und da sagte er mir ganz freundlich: »Phina, würden Sie aufhören zu rauchen?« Wenn er gesagt hätte, »du musst«, hätte ich es nie getan. Aber er traf genau den richtigen Ton. Ich rauchte nicht einmal eine letzte Zigarette. Ich gab es auf.
Dann sagte ich zu ihm: »Wissen Sie was, vielleicht wird es mit meinen Bronchien besser, und dann kommt garantiert etwas anderes!« Also, im nächsten Jahr fangen diese Schmerzen in der Brust an, und ich denke, ich habe einen Herzanfall. Mein Mann fährt mich zur Notaufnahme und setzt mich da ab; er macht sich Sorgen um sein Auto, ein altes Ding. Er sagt: »Macht es dir was aus, wenn ich das Auto erstmal abstelle?« Ich sage: »Ist das dein Ernst? Du willst mich allein heineingehen lassen?« So ist er mit seinem Auto. Es ist nur Metall, man kann ein neues kaufen, aber einen Menschen kann man nicht so leicht ersetzen.

Diese Dinge helfen einem nicht gerade, aber ich ließ mich davon nicht unterkriegen. Ich sagte mir, dass ich doch wohl noch ein bisschen was Besseres bin als ein Auto.
Er ist also draußen und parkt das Autor, während sie mich einweisen und mit der Behandlung auf Herzanfall anfangen. Ich sehe ihn nicht mehr, bis ich in meinem Zimmer liege.
Dr. Russell kommt herein. Sie hatten mich im fünften Stock untergebracht, und ich hasse diesen Raum, weil ich es dort erfahren musste. Ich glaube, es war fünfundzwanzig Minuten nach fünf. Ich habe immer gesagt, wenn ich Krebs hätte, wollte ich es nicht wissen, aber meinem Arzt gegenüber hatte ich das nie erwähnt. Er sagte: »Phina, Sie haben etwas an der Lunge, und wir glauben, dass es bösartig ist.« Er sagte es geradeheraus. Ich sah, wie ihm die Tränen über die Wangen rollten, er weinte. Ich nahm mich zusammen, solange er da war. Es war der schlimmste Tag meines Lebens. Als er gegangen war, fing ich furchtbar an zu weinen.
Sie wollten eine Biopsie machen, und das taten sie auch, und es war Krebs. Ich glaube, danach weinte ich nochmal, aber das war es dann. Ich wurde nie depressiv, und ich verstehe selbst nicht, warum. Mein berühmter Ausspruch ist: »Ich war zu dumm, um Angst zu haben.«
Gott hat mich in eine Art Schockzustand versetzt, und ich hoffe wirklich, dabei bleibt es auch für den Rest meines Lebens, weil es schön ist. Ich glaube, ich fühlte mich so gut, weil meine Kinder schon eigene Wege gingen; sie waren verheiratet, ich musste mir keine Sorgen machen. Wenn ich kleine Kinder zu Hause gehabt hätte, wäre es vermutlich anders gewesen.
Es ist komisch, dass in meiner Familie niemand zusammenbrach, als sie es erfuhren. Ich weiß, dass sie wirklich traurig waren, aber ich glaube nicht, dass sie sich vorstellen können, was Krebs eigentlich ist, vielleicht weil ich nie bettlägerig war. Ich hatte auch nie Schmerzen, das kam erst nach der Bestrahlung. Mit den Kindern und Enkeln spreche ich über Krebs wie über Bonbons; ich sage »Krebs« so, wie ich sage: »Ich gehe spazieren.« Ich gehe ganz offen damit um, und das ist gut so.
Nur mein Mann ... – ich meine, er ist nicht herzlos, aber er ist nicht der Typ, der viel geben kann. Ich hatte nie das Gefühl, mich zu Hause aussprechen zu können. Wenn ich über meine Krankheit

sprach, wurde er ganz unruhig, als wenn er Krebs hätte oder so. Also, wenn ich irgend etwas darüber sagte, sah er mich an, als redete ich über nichts anderes und er könnte es nicht mehr hören. Aber ich lasse mich von ihm nicht herunterziehen, und er weiß es. Wenn ich es zugelassen hätte, wäre ich am Ende gewesen. Früher habe ich oft darüber geweint, aber jetzt weine ich vielleicht einmal im Monat. Und Sie würden es nicht glauben – ich weine, und dann sage ich mir: »Wozu soll das gut sein? Morgen hast du nur geschwollene Augen«, also höre ich auf.

Am Anfang legte ich mich auf die Couch, mit Kissen um mich herum, und wenn ich etwas wollte, sagte ich nie, bitte bring mir dies oder das. Ich wälzte mich von der Couch und holte es mir selbst. Zum Teil war das mein Eigensinn, und zum Teil wollte ich mir auch sein Blabla nicht anhören. Ich habe immer das Abendessen gekocht. Wenn es sein muss, findet man einen Weg.

Die Krankheit hat mein Leben völlig verwandelt, mehr als andere Dinge es je verändert haben könnten. Wenn man dem Tod nahekommt, zählt jede Minute. Solange ich atme, habe ich alles, worauf es ankommt. Ich tue jetzt alles, was ich will. Wenn jeder so leben könnte ...; – es ist wunderschön.

Vorher war ich ein sehr nervöser Typ. Ich machte mir um alles Sorgen, um jede Kleinigkeit. Wenn meine Tochter schlechte Laune hatte, machte mich das nervös. Damit ist jetzt Schluss. Verstehen Sie mich nicht falsch: Es geht nicht völlig weg; ein bisschen davon bleibt immer, aber ich verschwende meine Zeit nicht mehr damit, so wie früher. Ich finde etwas anderes, woran ich denken kann.

Jetzt vertraue ich alle meine Sorgen Gott an. Ich brauche mir keine Sorgen mehr zu machen. Er nimmt mir alles ab. Wenn mir jetzt etwas Sorgen macht, lege ich alles in Gottes Hand, oder ich überlasse es dem Arzt. Ich stelle meinen Ärzten nie Fragen. Ich habe mein ganzes Vertrauen in sie gesetzt, und ich denke, das ist ein wichtiger Teil meiner Geschichte.

Ich werde nie wieder Fragen stellen. Das habe ich einmal getan, zwei Monate nachdem ich von meinem Krebs wusste. Alle sagten mir, ich sollte Fragen stellen. Also sagte ich zum Doktor: »Warum wird Lungenkrebs die Killerkrankheit genannt?« Und er sagte: »Lungenkrebs ist das Schlimmste.« Und ich sagte mir: »Ich wäre mit meinem Leben ganz gut zurechtgekommen, ohne das zu wissen.«

Ich wusste nicht, dass es die schlimmste Form ist, als sie mir sagten, dass ich Krebs habe. Ich habe es innerlich abgeblockt; damals wollte ich es nicht wissen. Manche Dinge muss man nicht unbedingt wissen, also stelle ich keine Fragen mehr. Ich mache das, was sie mir sagen.
Zuerst war ich darauf vorbereitet, dass ich sterben würde, und ich dachte, in sechs bis acht Monaten bin ich tot. In den ersten zwei oder drei Monaten war ich sicher, ich würde sterben. Ich habe keinem Menschen etwas davon gesagt.
Jedesmal, wenn ich zu meinem Arzt kam, gab er mir Hoffnung. Wenn ich in die Klinik ging, machten sie die Tür auf, und es war nicht so, als ob man zur Krebsbehandlung ginge. Es war, als wenn ich nette Leute besuchte. Sie sind sehr, sehr nett hier. Es ist keine trübselige Atmosphäre. Man wird als Person gesehen. Alle sind Freunde hier. Es ist, als wären wir gute Nachbarn.
Ich habe zwei wundervolle Ärzte; sie sind die Welt für mich. Sie nehmen kein Blatt vor den Mund, aber sie sind freundlich dabei. Sie machen mir keine falschen Hoffnungen und sagen nicht: »Sie werden gesund.« Aber Dr. Sherman hat mir immer wieder gesagt: »Es sieht erstaunlich gut aus, aber ich kann Ihnen nichts versprechen«, was ja auch stimmt.
Er machte mir Hoffnung, denn am Anfang, als er mir die Behandlung erklärte, stellte er einen Zwei- oder Dreijahresplan auf. Also dachte ich mir, vielleicht habe ich doch noch ein bisschen Zeit. Er gab mir das Startzeichen, und das war das Entscheidende. Er hat mir nie das Gefühl gegeben, dass ich bald sterben müsste.
Dr. Sherman nimmt mir die Angst. Man kommt rein, er schüttelt einem erstmal die Hand. »Na, wie ist es Ihnen ergangen?« Ich erzähle von meiner Familie, er erzählt von seiner Familie, und nach einer Weile vergesse ich, warum ich überhaupt gekommen bin. Genauso eine Beziehung zwischen Arzt und Patientin habe ich mir immer gewünscht.
Im Lauf der Jahre sind wir gute Freunde geworden, und ich bin sicher, dass er mit allen so umgeht.
Hier in der Klinik sind sie unglaublich stolz auf mich. Ich lebe nun schon sieben Jahre mit meinem Krebs. Es gibt sicher einen Grund, warum ich noch am Leben bin. Gott hat mich hierbehalten, weil er irgend etwas mit mir vorhat. Wenn ich mit Menschen sprechen

könnte, die Krebs haben, würde ich ihnen sagen: »Macht euch nicht zu viele Sorgen.« Das ist wahnsinnig schwierig, aber wirklich, die ständige Angst kann einen umbringen. Ich würde ihnen sagen: »Seht die Krankheit nicht als Tod an, – schaut auf das Leben!« Gott hat mich in irgendeiner Absicht hiergelassen, und eine Tages finde ich heraus, was es ist.

Barbara Dawson, Lehrerin
»Ich brauchte jemand, der stärker an mich glaubte als ich selbst«

Ich fühlte mich so gesund. Es war schwer zu glauben, was mir gesagt wurde. Als der erste Arzt »Krebs« sagte, fühlte ich mich plötzlich wertlos.
Mein Mann reagierte unglaublich gut an diesem Nachmittag. Wir saßen zusammen im Sprechzimmer meines Arztes. Der Arzt sagte: »Wissen Sie, es gibt keine Möglichkeit der Heilung, aber wir können das und das tun, um den Prozess aufzuhalten.«
Mein Mann sagte: »Haben Sie je erlebt, dass jemand diese Krankheit überwand?« Der Arzt sagte: »Nein, nie.« Mein Mann wandte sich mir spontan zu und sagte: »Also, Barbara, du wirst die erste sein.«
Ich saß da und war total im Schock.
Wenn er das nicht gesagt hätte, weiß ich nicht, was passiert wäre. Ich brauchte seine Zuversicht. Ich brauchte jemanden, der stärker an mich glaubte, als ich selbst dazu imstande war.
Ich wollte noch einige andere Meinungen hören, aber die Ärzte, die ich aufsuchte, sagten alle dasselbe: »Ja, Sie haben Krebs.«
Der erste Chirurg wollte sofort eine Brustamputation vornehmen. Ich ging zu einem zweiten Chirurgen, der den Onkologen hinzuzog. Der Onkologe sagte: »Nein, wir müssen zuerst noch mehr Tests machen.« Sie machten Tomographien und stellten fest, dass der Krebs Metastasen in meinen Knochen, meiner Wirbelsäule gebildet hatte. Als sie übereinstimmend zu dem Schluss kamen, dass meine Eier-

stöcke entfernt werden müssten, empfand ich das als einen Angriff auf meinen Körper. Ich fühlte mich sehr bedroht, und dennoch schien es keine Alternativen zu geben. Ich wurde von allen Seiten unter Druck gesetzt, schnell zu handeln. Die Ärzte waren der Meinung, dass ich den Ernst meiner Lage verleugnete und die Dinge hinauszögerte und dass ich sofort etwas unternehmen müsste.
Es schien so, als reichten die Ärzte sich untereinander einfach nur die Informationen weiter. Ich hatte nicht den Eindruck, dass diese Ärzte wirklich ihre eigene Meinung sagten. Sobald ein Arzt meine Unterlagen vor sich hatte, war er nicht mehr bereit, die Diagnose eines Kollegen in Frage zu stellen.
Zu diesem Zeitpunkt hatte ich einen langfristigen Vertrag als Vertretungslehrerin. Ich sprach mit dem Rektor der Schule und sagte ihm, was los war und dass ich operiert werden müsste. Er sagte:»Machen Sie sich nicht die Mühe, zurückzukommen.« Ich antwortete:»Ich habe einen Vertrag. Ich werde bis zum Ende des Jahres bleiben.«
Einer der Ärzte, die ich konsultierte, war Radiologe. Er war auf die Deutung von Röntgenaufnahmen spezialisiert. Er sagte:»Es ist zu neunzig Prozent sicher, dass sich Metastasen in den Knochen gebildet haben.«
Seine Meinung war die einzige, die ich wirklich ernst nahm, weil sie mir am meisten Hoffnung vermittelte. Für alle anderen war mein Schicksal besiegelt.
Ich stimmte der Ovarektomie (Entfernung der Eierstöcke) schließlich zu.
Unmittelbar nach der Operation nahm ich meine Arbeit wieder auf. Ich wusste, dass ich den Kontakt mit den Kindern brauchte. Sie waren die einzigen Menschen in meinem Leben, in deren Gesellschaft ich das Gefühl hatte, ich selbst sein zu können. Sie sind so unverklemmt, und wenn ich mit ihnen zusammen war, konnte ich auch loslassen.
Es gab Zeiten, da schrieb ich etwas an die Tafel oder hörte einem Kind zu, und plötzlich ging mir durch den Kopf:»O mein Gott, ich muss furchtbar krank sein. Was tue ich eigentlich hier?«
Um solche Zeiten durchzuhalten, musste ich mich in einen anderen Bewusstseinszustand versetzen, mich auf das Positive konzentrieren, an die Möglichkeit glauben, dass ich keine unheilbar Kranke

war. Immer und immer wieder sagte ich mir: »Ich bin o.k. Sieh doch, was ich tue. Ich stehe hier und mache meinen Unterricht. So krank kann ich nicht sein!«

Ich fing an, in ein alternatives Zentrum zu gehen, wo Yoga, Körperarbeit, Fitnesstraining und ähnliches angeboten wurde. Ich begann, mich intensiv mit Meditation und Selbsthypnose zu befassen. Wenn man erfährt, dass man eine schwere Krankheit hat, ist es meiner Meinung nach auch wichtig, Leute zu finden, die das selbst schon durchgemacht haben, die durch einige der kritischen Phasen gegangen sind und wissen, wie einem dabei zumute ist. Oder man braucht jemanden, der mit Schwerkranken gearbeitet hat und auf diese Art mit den Erfahrungen in Berührung gekommen ist.

Man kann sich einer Selbsthilfegruppe anschließen, auch wenn man nicht selbst aktiv werden will. Es kann schon hilfreich sein, einfach nur zu hören, was andere zu erzählen haben. Wenn man Krebs hat, ist da immer die Tendenz, sich zurückzuziehen, sich abzukapseln. Zuerst klammert man sich vielleicht an irgend etwas, aus der Panik heraus, aber dann ziehen die meisten sich auf sich selbst zurück. Es kann so scheinen, als ob die Umwelt das Gefühl der Hoffnungslosigkeit verstärkt. Die Menschen, die einem am nächsten stehen, kämpfen verzweifelt mit ihren eigenen Ängsten.

Im Idealfall findet man jemanden, einen Berater, eine Freundin, einen Therapeuten, der einem helfen kann, auf die eigene innere Stimme zu hören. Denn wenn man auf sich selbst hört, wirklich tief in sich hineinhorcht, bekommt man vielleicht ein Gefühl dafür, was man tun kann, um sich wieder gesund zu machen. Aber wenn man voller Angst ist, kann man die innere Stimme nicht hören. Wenn man Angst hat, kann man sich nicht entspannen, nicht allein sein, nicht ruhig werden, nicht loslassen. Meditation kann einem helfen, sich zu entspannen und sich sicherer zu fühlen, dass man mit dem eigenen inneren Selbst in Kontakt ist.

Ich glaube, Meditation und Imagination sind Schlüssel zu diesem inneren Wissen. Wie bei allen anderen Dingen, die ich ausprobierte, las ich auch über verschiedene Formen der Imagination und wählte für mich etwas aus, das mir passend erschien. Ich fand diese Tonbandkassette, auf der man einen Wasserfall rauschen hört. Jeden Tag, wenn ich aus der Schule nach Hause kam, setzte ich mich hin und stellte mir vor, in einem gesunden Körper zu sein. Ich saß sehr still, hörte mir die Tonbandaufnahme an und stellte mir vor, dass dieser Wasserfall durch mich hindurchströmte und meinen Körper reinigte. Ich benutzte die Informationen, die ich von meinen Ärzten hatte, als Anfangsbild. Dann imaginierte ich die Heilung. Die Krebszellen wurden aus meinem Körper herausgespült, ich heilte mich selbst.

Ich wußte nicht, ob und wie es helfen würde. Aber es erschien mir als der richtige Weg.

Erklärungen der Fachbegriffe

Anamnese — Krankengeschichte

Chemotherapie — Behandlung mit Zellgiften, so genannten Zytostatika

Computertomographie — Computergestütztes Röntgenverfahren

Coping — Aus dem Englischen »to cope« = »fertig werden mit«. Bewältigung einer Krankheit entweder aus sich heraus oder mit Hilfe eines Experten.

Ergotherapie — Durch gezielte Arbeits- und Beschäftigungstherapie sollen Tages und Arbeitsabläufe trainiert werden.

Fünf-Jahres-Heilungen — Eine statistische Angabe, die besagt, wie hoch der Prozentsatz der Patienten ist, die fünf Jahre nach der Ersttherapie noch keinen Rückfall bekommen haben. Dieser Zeitpunkt ist oft gleichbedeutend mit einer Heilung. Nach fünf Jahren ist die Gefahr für ein Wiederauftreten der Krankheit gering. Eine Ausnahme bildet der Brustkrebs, der auch später noch wieder aufflackern kann. Hier reden die Ärzte dann auch von Zehn-Jahres-Heilungen.

Gesprächstherapie — Eine von Psychologen oder Ärzten angebotene Therapie, in deren Verlauf Patientinnen ihre Probleme ansprechen können. Zusammen mit dem Therapeuten wird nach Hilfen gesucht. Wird als Einzel- oder Gruppentherapie praktiziert.

Immunsystem	Abwehrsystem des Körpers
Kurative Therapie	Eine Behandlung, die auf Heilung abzielt.
Lokalrezidiv	Wiederauftreten des Tumors an der Stelle, an der er bereits behandelt wurde.
Lymphödem	Anschwellen eines Körperteils, weil sich die Lymphe staut (eine helle Flüssigkeit, die im Blut zirkuliert). Zum Beispiel das Anschwellen eines Armes nach einer Brustkrebsoperation.
Metastasen	Tochtergeschwülste, die entfernt von der ursprünglich erkrankten Partie in anderen Organen im Körper entstehen. Sie entstehen aus Zellen, die sich vom Ursprungstumor abgelöst haben und – meist über Blut- und Lymphbahnen – in andere Teile des Körpers gelangen.
Onkologie	Von griechisch »onkos« = »Geschwulst«. Medizinische Fachrichtung, die sich mit der Erforschung und Behandlung von Krebserkrankungen befasst.
Palliative Therapie	Eine Behandlung, die auf Linderung der Beschwerden ausgerichtet ist.
Prognose	Voraussichtlicher Verlauf der Krankheit, Abschätzung der Chancen auf Heilung.
Psychoneuroimmunologie	Fachrichtung, die den Zusammenhang zwischen Immunsystem, Nerven und Seele in den Mittelpunkt ihrer Behandlung stellt.

Psychosomatik	Fachrichtung, die sich mit dem Zusammenhang zwischen seelischer Verfassung und organischen Funktionen befasst.
Psychoonkologie	Fachrichtung, die die seelische Seite von Krebserkrankungen erforscht und behandelt.
Rezidiv	Wiederauftreten der Erkrankung nach der Behandlung.
Senologie	Lehre von den Erkrankungen der Brustdrüse.
Silikonimplantate	Gel-artige Substanzen, die zum Wiederaufbau der Brust verwendet werden.
Szintigraphie	Ein Verfahren, bei dem radioaktive Substanzen gespritzt werden, um eine Körperregion auf entzündliche oder bösartige Prozesse zu überprüfen.

Hilfreiche Adressen

Psychoonkologie

Deutsche Arbeitsgemeinschaft für Psychoonkologie (DAPO)
Klinik Schwabenland
Riedstr. 16
D-88312 Isny im Allgäu

Psychosoziale Nachsorgeeinrichtung
Chirurgische Universitätsklinik Heidelberg
Im Neuenheimer Feld 155
D-69120 Heidelberg

Information auch bei:
Vereinigung der Kassenpsychotherapeuten
Herr Best
Riedsaumstr. 4 a
D-67038 Ludwigshafen

siehe auch:
Psychosoziale Beratung der Deutschen Krebsgesellschaft und ihrer Landesverbände (siehe unter »Telefonische Beratung«)

Österreich

Österreichische Gesellschaft für somatische und psychosoziale Onkologie und Hämatologie (ÖSPO)
c/o Dr. Walter König
Praterstr. 17
A-1020 Wien

Psychosoziale Beratungsstelle für Frauen
Lehargasse 9/2/17,
A-1060 Wien

Selbsthilfeorganisationen auf Bundesebene

Deutsche Arbeitsgemeinschaft Selbsthilfegruppen
Friedrichstr. 28
D-35392 Gießen

Arbeitskreis der Pankreatektomierten e.V.
Krefelder Str. 52
D-41539 Dormagen

Bundesverband der Kehlkopflosen e.V.
Obererle 65
D-45897 Gelsenkirchen

Deutsche Ileostomie-, Colostomie-, Urostomie-Vereinigung e.V. (ILCO)
Landshuter Str. 30
D-85356 Freising

Deutsche Leukämie-Forschungshilfe
Aktion für krebskranke Kinder e.V.
- Dachverband -
Joachimstr. 20
D-53113 Bonn

Frauenselbsthilfe

Bundesverband der »Frauenselbsthilfe nach Krebs« e.V.
B6, 10/11
D-68159 Mannheim
Dort erhalten Sie die Adressen der einzelnen Landesverbände.

Adressen

Österreich

»Frauenselbsthilfe nach Krebs«
Obere Augartenstr. 26-28
A-1020 Wien

Schweiz

Selbsthilfegruppe brustoperierter
Frauen
Mittlere Straße 35
CH-4056 Basel

Telefonische Beratung

Krebsinformationsdienst (KID)
Deutsches Krebsforschungszentrum
Tumorzentrum Heidelberg/Mannheim
Im Neuenheimer Feld 280
D-69120 Heidelberg
Tel.: 0 62 21 / 41 01 21

Krebs-Hotline
Tumorzentrum Universität Freiburg,
Tel.: 07 61 / 2 70 60 60, werktags
von 9-16 Uhr.

In zahlreichen Städten gibt es Telefonberatungsstellen der Deutschen Krebsgesellschaft und ihrer Landesverbände. Die Telefonnummern finden Sie im Telefonbuch oder über die Auskunft.

Sexualberatung

PRO FAMILIA
Deutsche Gesellschaft für Familienplanung.
Sexualpädagogik und Sexualberatung
e.V. Pro Familia
Bundesgeschäftsstelle der Pro Familia
Stresemannallee 3
D-60596 Frankfurt am Main

Hier erhalten Sie Adressen von
Pro-Familia-Beratungsstellen in Ihrer
Nähe.

Naturheilverfahren

Gesellschaft für Biologische Krebsabwehr e.V.
Postfach 10 25 49
D-69015 Heidelberg

Zentralverband der Ärzte für Naturheilverfahren
Alfredstr. 21
D-72250 Freudenstadt

Überregionale Einrichtungen und Organisationen

Ambulante Krebsbehandlung
GeFaK (Gesellschaft zur Förderung der ambulanten Krebstherapie)
c/o Jens Kort (Geschäftsführer)
Engelbertstr. 42
D-50674 Köln

Bundesarbeitsgemeinschaft »Hilfe für Behinderte« e.V.
Kirchfeldstr. 149
D-40215 Düsseldorf

Landesarbeitsgemeinschaft
»Hilfe für Behinderte« NW e.V.
Beelerstiege 5
D-48143 Münster

Bundeszentrale für gesundheitliche Aufklärung
Ostmerheimer Str. 200
D-51109 Köln

Deutsche Krebsgesellschaft e.V.
Paul-Ehrlich-Straße 41
D-60596 Frankfurt/Main

Dort erhalten Sie Auskunft über Landesverbände der Deutschen Krebsgesellschaft e.V. und Beratungsstellen in Ihrer Nähe.

Deutsche Krebshilfe e.V.
Thomas-Mann-Str. 40
D-53111 Bonn

Deutsches Krebsforschungszentrum (DKFZ)
Im Neuenheimer Feld 280
D-69120 Heidelberg

Familienhilfe

Familienhilfe Polyposis coli e.V.
Kaiserfeld 20
D-46047 Oberhausen

Knochenmarkspenderdatei

Zentrales Knochenmarkspenderregister für die BRD (ZKRD)
Helmholtzstr. 10
D-89081 Ulm

Leukämie

Deutsche Leukämie-Hilfe e.V.
Thomas-Mann-Str. 44 a
D-53111 Bonn

Lymphdrainage

Deutsche Gesellschaft für Lymphologie
Haslachstr. 37
D-79868 Feldberg

Hilfen für krebskranke Mütter

Notmütterdienst e.V.
Sophienstr. 28
D-60487 Frankfurt

Palliativmedizin

Deutsche Gesellschaft für Palliativmedizin e.V.
Dr. Mildred Scheel – Haus, Universität zu Köln
D-50924 Köln

Rehabilitation

Bundesarbeitsgemeinschaft für Rehabilitation (BAR)
Walter-Kolb-Str. 9-11
D-60594 Frankfurt

Schmerz

Deutsche Gesellschaft zum Studium des Schmerzes e.V.
Professor Lehmann
Institut für Anästhesiologie der Universität Köln
Joseph-Stelzmann-Str. 9
D-50931 Köln

Deutsche Schmerzhilfe e.V.
Bundesverband
Siethwende 20
D-21720 Grünendeich

Adressen

Österreich

Österreichische Krebshilfe
Spitalgasse 19
A-1090 Wien

Österreichische Gesellschaft für somatische und psychosoziale
Onkologie und Hämatologie (ÖSPO)
c/o Dr. Walter König
Praterstr. 17
A-1020 Wien

Schweiz

Leben wie zuvor
Untere Rebbergstraße 96
CH-4135 Reinach

Schweizerische Krebsgesellschaft
und Schweizerische Krebsliga
Monbijoustraße 61
CH-30001 Bern

Bücher

Krebsformen

Das Brustbuch
Dr. Susan M. Love, Karen Lindsey
Deutscher Taschenbuch Verlag 1997

Sprechstunde Brustkrebs
Prof. Dr. med. Wolfgang Eiermann,
Sabine Böttger
Gräfe und Unzer Verlag 1996

Brustkrebs
Aufklärung, Vorsorge, Erfahrungen
Caryn Franklin, Georgina Goodman (Hrsg.)
Heyne Verlag 1997

Brustkrebs
Wissen gegen die Angst
Lilo Berg
Kunstmann Verlag 1995

Krebs bei Frauen
Alles, was Sie über Vorsorge,
Therapie und Nachsorge
wissen müssen
Donna Dawson
Heyne Verlag (vergriffen)

Bewältigung der Krankheit

Der Krebskranke und seine Familie
Elke Freudenberg
Trias Verlag 1990

Wie geht es weiter?
Patienten berichten über den Umgang
mit der Diagnose Krebs
Ingrid Brieden
Humboldt Verlag 1995

Nach der Diagnose Krebs – Leben ist eine Alternative
Dr. Herbert Kappauf, Professor Walter M. Gallmeier
Herder Verlag 41997

Schmerzen

Krebsschmerz – Rat und Hilfe für Betroffene und Angehörige
Dr. Hermann Delbrück
Kohlhammer Verlag 31996

Ernährung

Ernährung bei Krebs
Prof. Dr. Claus Leitzmann
Gräfe und Unzer Verlag 1996

Alternative Behandlungsmethoden

Was können Mistel, Sauerstoff, Suggestion?
Alternative Krebstherapien
Maren von Pluta
Deutscher Taschenbuch Verlag 1997

Sexualität

Krebs und Sexualität
Ein Ratgeber für Krebspatienten und ihre Partner
Stefan Zettl, Joachim Hartlapp
Weingärtner Verlag 1996

Quellennachweis

Namen und Angaben der Personen, die von ihren Erfahrungen berichten, wurden aus Schutzgründen geändert.
Die Berichte auf den Seiten 78 – 85 wurden gekürzt entnommen aus:
Paul C. Roud: Diagnose: Unheilbar; Therapie: Weiterleben. Kreuz Verlag, Stuttgart 1992.
Die Tabelle auf S. 32 f. stammt aus Geburtshilfe und Frauenheilkunde 56/ 1996, Georg Thieme Verlag. Nach: Presseservice 7/97 der Firma Organon. Abdruck mit freundlicher Genehmigung des Verlages.

Dem Alltag neuen Sinn geben

180 Seiten, Paperback
ISBN 3-268-00227-7

Selbstfindungskurse, Fitnesstraining, Ferien in Fernost und Feng Shui fürs Büro: Unsere Lifestyle-Kultur macht unendlich viele Angebote, doch je intensiver die Jagd nach dem ultimativen Lebensgenuss, desto schaler das Gefühl, wenn man wieder einmal gemerkt hat: Das bringt's auch nicht.

Gegen die Trostlosigkeit der modernen Selbstfindungsrituale setzt Ulrike Zöllner eine neue, alte Form der Lebenskunst, welche die Betonung auf Gelassenheit, Fürsorglichkeit, Achtsamkeit, Begegnung, Langsamkeit und Reduktion aufs Eigentliche legt. Mit konkreten Anleitungen und Übungen für den Alltag im Anhang.

KREUZ: Was Menschen bewegt.
www.kreuzverlag.de